中小工務店向け新プランスタート

市場で生き残るのは信頼の工務店

GOOD DESIGN AWARD 2021

ASPIC IoT・AI・クラウドアワード 2021

顧客体験にDX革命を。
DX時代のコミュニケーションを。

施主との新しいコミュニケーションの形を提供する
工務店のためのメッセンジャーアプリです。

コストDOWN

施主様との連絡・要望
のやり取りをONLINE
でスムーズに！
打ち合わせ回数を削減
し、一棟当たりの
コストを縮小。

NO属人化

家づくりの記録を
1つのプラットフォーム
に記録、社内共有。
リアルタイムで状況を
把握し、活発に楽に
情報共有が可能。

信頼UP

対応遅延や認識のズレ
をなくし、施主様との
トラブルを減少。
ストレスフリーな
家づくりで信頼UP！
顧客満足度の向上へ。

「中小工務店向け新プラン」の詳細は、資料にてご確認ください！

株式会社エフ・ディ・ーシー

Q plantable

  029-886-7462

  plantable@fdc-inc.co.jp

工事管理ソリューション
建て役者

商談からアフターまで
クラウドで一元管理

100 社 100 通りの業務管理を実現

建て役者が選ばれるポイント

POINT1

カスタマイズノウハウ
御社の "したい" を実現します

POINT2

19 年の実績
700社以上の導入を支援

POINT3

商談〜アフターまで
これひとつで集中管理

顧客管理	商談管理	見積作成	契約管理	工事管理
工程管理	実行予算	発注 / 請求 / 支払	アフター	グラフ分析

オプション 電子受発注（EDI）－JIIMA 認証取得－ ／ LINE WORKS 連携 ／クラウドサイン 連携

お問合せ

建て役者 検索

URL｜https://tateyakusha.jp/

株式会社システムサポート シーズクリエイティブ事業部
mail info-tateyakusha@sts-inc.co.jp
tel 076-265-5081 （平日9時-18時）

Housing Tribune 別冊

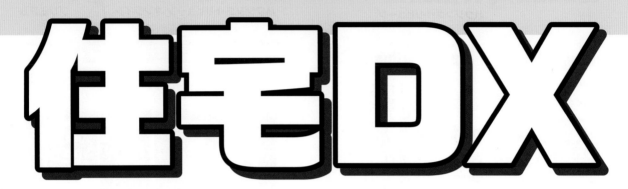

決定版

住宅DX
Digital Transformation

ツールガイド

―― 2023 ――

CONTENTS

業務全般 ▷ P.8

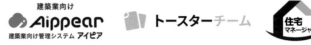 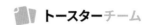

決定版　114ツールを一挙紹介
住宅DXツールガイド2023

住宅事業者が様々なデジタルツールを活用し、業務効率化やデジタルマーケティングなど、DX化を進める動きが活発になってきた。そのなかで、競合優位性を確保するために、また、持続可能な経営を実践するために、現在の自社の課題を洗い出し、その課題解決に合ったツールを導入することが求められている。

そこで本書では、住宅事業者の業務課題の解決を手助けする114のツールを業務区分別に分類して紹介する。

集客・探客 ▷ P.15

 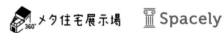

  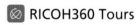

接客・相談・契約 ▷ P.23

住まいのリフォームシミュレーター イエプロ® ランデァ PRO つながる家づくり plantable

PropoCloud ITANDI BB+ 電子契約くん ITANDI BB+ 申込受付くん RENOVATION DESIGN SHOP 365 Design Market

PRMIA AI・KOUMUTEN Home Link AUTOPERS VR いえーる ダンドリリフォーム RURA

VRTALK vrtalk.online ハウジングVR FP名人®Next wanbishi WAN-SIGN madric Success 営業見積システム

設計・提案 ▷ P.29

見積ガント GO My Home Robo

KIZUKURI JIBANNET VR Presentation Gateway VRTALK vrtalk.online

Arch-LOG ROOV

madric A's 作図・積算 BPOサービス 建もの燃費ナビ Powered by A's(エース)

仕様決めシミュレーター イエプロ® Walk in home ALTA Revolution

顧客管理・アフターサービス・リフォーム支援 ▷ P.42

ツナゲルクラウド 商標登録出願中 renoselect™

AnyONE iecon

オシャレ建材EC HAGS have a good story i-Reform リフォーム業務統合管理・支援システム

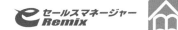

e セールスマネージャー Remix

DroneRoofer RooferCloud

現場管理・施工管理 ▷ P.34

AISYS AI・KOUMUTEN cyzen ワークサイト Work-Site

ダンドリワーク TORIPPA Walk in home CUMOE かんたん あんしん べんり 現場見守る君®

おうち LIVE ASSIST safie Pocket zenshot THETA 360.biz

クラエモン 蔵衛門クラウド グリーンサイト GREEN-site SITE build Kizuku

CONNECTCAMERA ZENGO セーフィーゴー safie GO LTE搭載クラウド型防犯カメラ 現場Plus

業務全般

ツール詳細 ▷ P.48　ユーザーの声 ▷ P.102

工務店経営のプラットフォーム

 Ai-COSS 基幹業務システム
株式会社アイ工務店

住宅会社売上成長率第1位アイ工務店が構築した工務店経営のための建設業システム。いつでもどこでも使えるクラウド型で、契約前後の顧客管理から実行予算作成、電子受発注・請求、アフター管理まで一気通貫でシステム化し、大幅な業務効率化をサポートする。

業務全般

住宅工事関係者が選ぶ【高い満足度の業務管理システム】

 アイピア
株式会社アイピア

建築業向け
Aippear
建築業向け管理システム アイピア

「アイピア」は建築業の業務を一元管理できるシステム。クラウド型で、現場でのリアルタイムな情報共有や隙間時間を活用した業務の効率化、情報分析など広範囲に対応。さらに今話題のインボイス制度や電子帳簿保存法にも対応する。業務改善・会社の見える化を実現する。

業務全般

「いつ・どこ・だれ」でも仕事ができる現場業務効率化ツール

 現場Hub
株式会社 ARTISAN

現場Hub

専門工事・メンテナンス会社に特化した業務効率化ツール。案件・業務ごとの進捗・タスクが一目で分かり、PC・スマホの両方で「いつ・どこ・だれ」でも情報を入出力できる。現場情報の保存・報告を楽にし、正確でスピーディな業務を実現する。

業務全般

集客・探客

接客・相談・契約

設計・提案

現場管理・施工管理

顧客管理・アフターサービス・リフォーム支援

ツール詳細 ▷ P.56　ユーザーの声 ▷ P.98

業務全般

シェアNo.1クラウド型建設プロジェクト管理サービス

ANDPAD
株式会社アンドパッド

現場の効率化から経営改善までを一元管理できる建設プロジェクト管理サービス。写真・資料管理、日報、工程表、横断工程表（稼働管理）、チャット、引合粗利管理、検査報告、社内タスク管理、施主報告など豊富な機能を搭載。利用社数17.3万社、ユーザー数44.7万人を超える。

業務全般

契約率向上。専門家が住宅ローンを丸ごとサポート

いえーる ダンドリ
iYell 株式会社

経験豊富な専門家による住宅ローン業務代行システム。導入企業2,500社以上。全業務にかかる住宅ローン部分の負担を25％軽減。住宅ローン承認率95％で顧客を取りこぼさない。最適なローン提案で貴社差別化の強力な武器に。

業務全般

住宅業界特化型ビジネスチャット

住まいチャット
iYell 株式会社

業務効率化、コスト削減、従業員満足度向上を同時に実現するビジネスチャット。情報伝達・連携にかかる時間を大幅削減。加えて通信費・人件費・育成コストを長期的に削減できる。スムーズな情報共有が働き方改革を推進する。

業務全般 / 集客・探客 / 接客・相談・契約 / 設計・提案 / 現場管理・施工管理 / 顧客管理・アフターサービス・リフォーム支援

業務全般

業務全般

集客・探客

接客・相談・契約

設計・提案

現場管理・施工管理

顧客管理・アフターサービス・リフォーム支援

建築業特化・経理書類DX化サービス

monect（マネクト）
インベストデザイン株式会社

monect

建築・建設業に特化して作られた経理業務を効率化するアプリ。取引先からの書類を一括管理できるほか、案件ごとの書類の遷移が一目でわかり、外出先からスマホで確認・承認することも可能。また、インボイス制度や電子帳簿保存法にも対応している。

業務全般

ツール詳細 ▷ P.60

すべての情報を一元管理する住宅事業者の情報プラットフォーム

住宅マネージャー
株式会社KSK

注文や分譲などの業態を問わず、あらゆる業務の情報を一元化できる基幹システム。カスタマイズ性が高く、他社連携を積極推進しており、アプリやシステムとの連携だけでなく住宅コンサルタントと連携することで、住宅事業のシステム改革と業務改革をパッケージで提案している。

業務全般

コストが見える。業務を変える。どっと儲かる。

どっと原価3
株式会社建設ドットウェブ

販売実績20年以上、累計導入社数5,000社以上の建設業向け原価管理ソフト。アカウント数や機能を選択でき、企業規模やシステム化の段階に合わせた構成で導入が可能。使いやすさと柔軟性で業務の合理化と経営の効率化を両立し、ゆとりある企業づくりを支援する。

業務全般

建設業に特化した受発注プラットフォーム

建設PAD
株式会社 KENZO

見積書、基本契約書、注文書、請求書などを電子的に取引できる建設業に特化したWebプラットフォーム。電子帳簿保存法やインボイス制度に対応していることは勿論、建設業法も網羅しているため、法令遵守しながら安心して利用できる。

業務全般

Salesforceプラットフォームを建設業向けにカスタマイズ

現場へGO!
合同会社ゲンバゴ

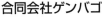

階層構造の見積りやクラウド環境での工程表を中心に、顧客とのコンタクトから完工アフターに至るまで「現場」に必要な機能を全て備えた建設業向け統合型アプリ。機能アップ・UIの刷新も積極的に行い、初めてSalesforceを使う人にも安心のスターターパックとなっている。

業務全般

工務店が現場目線で作った業務管理システム

CONOCクラウド業務管理
株式会社 CONOC

「CONOCクラウド業務管理」は、建設業の見えにくい要素を可視化し、業務改善・収益増加を実現するクラウド型の業務管理システム。「アナログ産業で生産性が悪い」「どんぶり勘定で、属人的な採算管理」といった問題を解決し企業の成長につなげる。

業務全般

集客・探客

接客・相談・契約

設計・提案

現場管理・施工管理

顧客管理・アフターサービス・リフォーム支援

業務全般

集客·探客

接客·相談契約

設計·提案

現場管理·施工管理

顧客管理·アフターサービス·リフォーム支援

業務全般

カスタマイズ性の高さを武器に ユーザーの個別ニーズに対応

建て役者
株式会社システムサポート

工事管理ソリューション

受注獲得のための顧客管理だけではなく、商談や見積り、実行予算や工程、アフターに至るまでトータルで管理できる一元管理システム。顧客情報を中心として必要な情報を社内で共有することができ、コミュニケーションを核として全ての業務の円滑化·効率化を実現する。

業務全般

部門の垣根を越えて情報を共有できる

匠BASE
株式会社システムズナカシマ

設備業のトータル業務管理システム
匠BASE

設備業トータル業務管理システム。建設設備工事に関わる営業/ 見積/ 受注/ 施工/ 完工/ 引渡し/ 完成/ アフターまでの業務情報を一元管理し共有。各部門が入力する情報がリアルタイムに次の業務に引き継がれ、二重入力や入力間違い等の無駄な工数を削減することができる。

業務全般

ツール詳細 ▷ P.70   ユーザーの声 ▷ P.96

住宅会社の「DX」を実現する基幹システム

注文分譲クラウドDX
株式会社ダイテック

注文分譲クラウド
DX

顧客管理から見積り、電子発注、アフターフォローまで一元管理できるクラウド型基幹システム。本製品に合わせて社内の仕組みを見直すことで、業務を標準化&効率化。残業時間の削減やペーパーレス化、収益の改善につながる。

健康経営で企業価値向上へ

おりこうブログHR
株式会社ディーエスブランド

「おりこうブログHR」は、健康経営支援ツールと情報発信するためのサイト運用ツールをそれぞれ連携させ、ひとつのソリューションとして提供。健康経営の支援はもちろんのこと、その活動をホームページで簡単にPRできるため、企業イメージ向上につながる。

住宅建設業界向けに特化した基幹システム

HOUSING CORE
株式会社DTS

住宅建設関連のシステム開発に携わって20年超の知見を生かし開発した基幹システム。顧客、受発注、工事工程、原価、アフターフォローなどの管理機能を搭載。さらに業務で発生するリアルタイムな情報を一元化し可視化。住宅建設企業の効率的な経営をサポートする。

システム利活用支援ツール

テックタッチ
テックタッチ株式会社

あらゆるWebシステムの入力をアシストするシステム利活用支援ツール。大手企業や自治体・官公庁などに導入され、ユーザー数は200万人超、国内シェアNo.1を獲得している。誤入力や操作ミスを削減し、システム定着を促進しDXを実現する。

── 業務全般 ──

世界初ミリ単位で計測可能なアプリ

Scanat
nat 株式会社

iPhone/iPad でスキャンするだけで、同種アプリ内最高の精度での計測（mm 単位）が可能なiOS アプリ。簡単な操作で、屋外や屋内などの空間を高精度に記録することができる。デジタル空間の構築を通じて、「まるで現場にいるかのような、現場をそのまま持ち帰るような」体験を実現する。

── 業務全般 ──

AIが自動でマニュアルを作成

トースターチーム
noco 株式会社

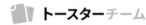

業務の見える化を通じて、業務効率の向上・新人の即戦力化を実現するAI マニュアル作成管理システム。文章・動画マニュアル、用語集など、業務に必要なノウハウと知識、経験をひとつにまとめて活用できる。導入実績2000 社。オフィスや現場など、いつでも何処でも利用できる。

── 業務全般 ──

無料の住宅業務支援クラウド

助っ人クラウド
株式会社ハウスジーメン

営業からアフターまで、住宅事業の全業務を一元的に管理できる、業務支援に特化した住宅事業者向けのクラウドシステム。業界では初の機能となる新築住宅かし保険申込サイトとの連携機能により、住宅情報のデータベース化が手間なく効率的に進められる。

業務全般

集客・探客

接客・相談 契約

設計・提案

現場管理・施工管理

顧客管理・アフターサービス・リフォーム支援

ツール詳細 ▷ P.80

― 業務全般 ―

工務店が自ら開発した全く新しい原価管理システム

すごいよ山下くん
株式会社フューチャーリンク

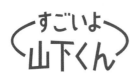

年間270棟以上手掛ける工務店が利益率を改善するために開発した、生産性向上と利益改善を実現する原価管理システム。2年間で4%の利益率改善を実現した仕組みとノウハウを凝縮した。工務店の垣根を越えて、資材高騰や人員不足に負けない強い建設業の実現を支援する。

― 集客・探客 ―

プロに丸投げ可能な不動産に特化したSNS運用

SNSマーケティング（運用代行）
株式会社いえらぶクリエイターズ

企画構成から撮影、編集、納品をワンストップで行うSNSマーケティング。不動産業界の新たな集客・採用戦略の軸を作る。住に特化したSNSアカウント総フォロワー50万人超、SNS専門学校講師、制作実績1500本以上、不動産専門のSNS運用、いえらぶGroup（いえらぶCLOUD）との連携などを強みにしている。

― 集客・探客 ―

追客に特化したシステムで反響来店率向上に貢献

nomad cloud（ノマドクラウド）
イタンジ株式会社

仲介会社向けの顧客管理・自動物件提案システムで、LINEや専用チャットのコミュニケーション機能や営業管理など多機能を搭載している。2023年4月末時点で累計利用者数約850万人、全国の仲介会社約2,000店舗で導入されている。

業務全般

集客・探客

接客・相談 契約

設計・提案

現場管理・施工管理

顧客管理・アフターサービス・リフォーム支援

業務全般

集客·探客

接客·相談·契約

設計·提案

現場管理·施工管理

顧客管理·アフターサービス·リフォーム支援

── 集客·探客 ──

成約確度の高い見込み客を集客できるバーチャル住宅展示場

LIVRA WORLD
岡田工業株式会社

住宅会社のVRモデルハウスを掲載。3DCGVRや実写VRに対応しており、VRリンクがあればすぐにモデルハウスの掲載が可能。ユーザーは、資料閲覧機能やモデルハウスのお気に入り登録をすることができ、リコメンド機能で見込み客に対し自動的にナーチャリング機能も実装している。

── 集客·探客 ──

営業bot(ボット)化ツール

auka来店プラス
ギバーテイクオール株式会社

auka
来店
プラス+

ホームページにタグを埋め込むだけでHPからのLINE友達追加と育客をオートメーション化。顧客の熱感が一定以上に達すると、自動メッセージで来場に繋げる。従来、人が判断し、アナログで対応していた業務をLINEでbot化し、営業生産性を劇的に高める。

── 集客·探客 ──

自動追客と顧客の可視化でアポ率を大幅にアップ

KASIKA
Cocolive株式会社

KASIKA

不動産業向けの営業支援ツール。資料請求やポータルからの反響を自動でリスト化し、長期追客や優良顧客のリストアップを行う。業務効率が大幅に改善されるとともに、顧客の興味が可視化され、最適なタイミングでアプローチすることが可能になる。

— 集客・探客 —

住宅・不動産業界特化営業自動化システム

Digima
株式会社コンベックス

digima

問合せ情報の登録から、来店・来場・面談に至るまでのコミュニケーションを自動化する。また、途中で離脱をした中長期顧客に対しても接点を持ち続ける施策を行う。返信が来やすいメール・SMSのオファー型テンプレートも、300種類以上用意している。

— 集客・探客 —

日本初・Matterport×CG家具の360度VR内覧

roOomy (ルーミー)
株式会社サマンサ・ホームステージング

roOomy®

Matterportで再現した物件の3D空間にCGの家具/小物で空間演出できる、VR内覧動画サービス。4K画質で部屋中をウォークスルーや採寸ができ、これまでにない没入感を実現。希望に応じたオリジナルコーディネートで物件の魅力を最大限に引き出す。

— 集客・探客 —

不動産のセレクトショップ

不動産サイト365LIFE
株式会社 365LIFE

REALESTATE SELECT SHOP
365 LIFE

20〜40代の住宅感度の高いユーザーに向けて不動産物件をセレクトして紹介する不動産サイト。モデルハウスを販売する際に物件の価値を伝えるだけでなく、自社のブランディングも兼ねて掲載できる。大手ポータルサイトと差別化されたUI/UXも特徴のひとつ。

業務全般

集客・探客

接客・相談・契約

設計・提案

現場管理・施工管理

顧客管理・アフターサービス・リフォーム支援

業務全般

集客・探客

接客・相談・契約

設計・提案

現場管理・施工管理

顧客管理・アフターサービス・リフォーム支援

── 集客・探客 ──

無人内見システムで集客UPと業務効率化

 無人内見システム
ショウタイム24株式会社

 SHOWTIME24

内見希望者がWEB上で希望の内見時間に予約を入れ、予約日時に直接現地を訪問し希望者自身のスマートフォンでスマートロックを開錠することで、非対面で内見ができるシステム。新築戸建てを無人にし、土日・平日を問わずいつでも気軽に内見することが可能だ。

── 集客・探客 ──

来場を確実に伸ばすインスタ運用を自社で実現

 Social Drive for Housing
株式会社 SHO-SAN

 Social Drive FOR HOUSING

工務店に特化したInstagram マーケティングツール。予約投稿、自社アカウント分析、ベンチマーク分析などの運用効率を上げるツールのほか、サマリーレポートやインスタノウハウ提供、月次定例コンサルティングやチャットでの自走支援サービスを行う。

── 集客・探客 ──

Web集客を最大化するトリプルメディアマーケティング

 WEBマーケティング部
株式会社新大陸

 新大陸

自社ホームページ・SNS・広告という３つのメディアを包括的に運用することにより、マーケティングの仕組みを構築し、業績を向上させる。コンテンツ取材・制作、投稿作業などのオペレーションに加え、Web 広告の戦略立案なども行い、クライアントと伴走しながら成果を生み出す。

集客・探客

より効率的で効果的なプレゼンテーション・デザインサポートを

 shapespark
株式会社 STUDIO55

仮想空間を自由に移動できるVRとして、また仮想空間上でアバターがコミュニケーションをとれるメタバースとして利用できる。専用アプリが不要でURLリンクを開けば誰でもアクセスすることが可能だ。PCはもちろんの事、スマートフォンやタブレットからでも利用可能。

集客・探客

顧客の夢をよりリアルに実現化していく

 BAVR(Before&After VR)
株式会社 STUDIO55

Before（更地）→After（完成）をリアルに体感できるVR。実際の現地写真にCGを合成しているので周辺環境と合わせてリアルに完成イメージが伝わる。プレゼンテーションではもちろん、販促用のツールとしても使用することができ、閲覧に特殊なアプリは一切不要だ。

集客・探客

リモートで既存の空間や仮想空間をコンシェルジュが案内

 リモシェル
株式会社 STUDIO55

リモートで既存の空間や仮想空間をコンシェルジュが案内するサービス。従来は、施設や店舗に顧客が足を運び直接案内していたが、4K撮影を使ったシームレスな空間映像でコンシェルジュが案内するため、まるで現地に来たかのような説明がリモートで可能になる。

縦書きサイドバー：
業務全般
集客・探客
接客・相談・契約
設計・提案
現場管理・施工管理
顧客管理・アフターサービス・リフォーム支援

— 集客・探客 —

バーチャル展示場やVRモデルルームが簡単作成

スペースリー
株式会社スペースリー

分譲、注文住宅事業者を中心に
利用数は7200突破！

360°VRコンテンツを簡単に制作・編集できるクラウドソフトウェア。パノラマ写真や3D CGデータをクラウドにアップロードするだけで、高品質のVRコンテンツを自動作成できる。完成済み物件をVR化するだけでなく、バーチャル展示場やVRモデルルームなど、活用の幅が広がっている。

— 集客・探客 —

メタバースでリアルに近い体験を提供

おりこうブログCX
株式会社ディーエスブランド

METAVERSE WITH EVERYONE
おりこうブログCX

メタバース空間に顧客オリジナルの住宅展示場を構築。実際に展示場に訪問しているような、臨場感のある内見をいつでもどこでも体験可能。新たな顧客体験を提供することで、企業価値の向上にととともに、集客力の強化や売上拡大にも貢献する。

— 集客・探客 —

ツール詳細 ▷ P.74   ユーザーの声 ▷ P.94

Instagram分析ツール

Pegasus
株式会社 TrustLead

Pegasus

工務店・ビルダー特化
Instagram支援サービス
Pegasus

住宅購入検討者の7割が最も参考にしているInstagramを運用・分析し、自社のターゲットにしっかりとリーチさせ集客に繋げることができる。

業務全般

集客・探客

接客・相談・契約

設計・提案

現場管理・施工管理

顧客管理・アフターサービス・リフォーム支援

— 集客・探客 —

不動産建設業界特化型のマーケティングDXツール

Customer Now!
株式会社 HAGS

元々、不動産・建築会社が自社のために開発した集客・自動追客ツール。業界特化ならではの効果的なテンプレート（メール、シナリオ、ポップアップ）もすぐに使える。業界ならではの機能で集客、追客の効率を大幅にアップ。実績があるマーケティング支援サポートも可能。

— 集客・探客 —

間取図を3Dにする不動産の新サービス

ビジュアル間取り図
ピーヴィー株式会社

REPMP

PeeVee Corp.

新生活のイメージに繋がるツールとして、様々な家族構成やライフスタイルに合わせたインテリアを提案できるサービス。3D化することにより、間取り図からは見えてこなかったインテリアイメージを伝え案内することができる。

— 集客・探客 —

"価値"と"想い"をストーリーで語る建築建材のWEBメディア

Arch-MATERIA （アークマテリア）
丸紅アークログ株式会社

建築建材の製品カタログでは語り尽くすことのできない、製品を生み出すまでの開発秘話や素材や機能のこだわり、そこに込められた製作者の想いなどを、Arch-MATERIA（アークマテリア）ではストーリー仕立てにして掲載している。

左側縦書きタブ：業務全般　集客・探客　接客・相談・契約　設計・提案　現場管理・施工管理　顧客管理・アフターサービス・リフォーム支援

集客・探客

360度パノラマツアー制作・公開アプリ

RICOH360 Tours （リコー サンロクマル ツアーズ）
株式会社リコー

RICOH360 Tours

パノラマツアーの作成・公開数は無制限。複数枚の360度画像にマップやポップアップで詳細な情報を追加し、Webサイトに埋め込んで集客に、物件の絞り込みのため店頭接客に、ツアーURLをメールで共有して追客などにも対応する。14日間無料でお試し可能。

集客・探客

日本最大級のオンライン住宅展示場

メタ住宅展示場
リビン・テクノロジーズ株式会社

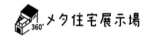
メタ住宅展示場

既設住宅を4K高画質でVR住宅展示場に出展可能。展示用住宅の建築は不要、かつ反響課金制のため、従来の住宅展示場に比べ圧倒的に安価な集客メディア。VR内覧でリアルな質感を体験し、より具体的イメージを持った見込客から詳細な希望条件を獲得することができる。

集客・探客

紹介数・口コミ数は毎年120%増も可能

アンバサダークラウド
株式会社リブ・コンサルティング

Ambassador Cloud
アンバサダークラウド

顧客の紹介可能性を可視化し、狙った紹介依頼アプローチが可能。オーナーサイトを通じてイベントや定期点検の案内や予約が可能なため、DM発送や電話にかかる人的リソースと費用を大幅削減できる。顧客接点強化で口コミ紹介だけでなく、リピートの獲得にも寄与する。

ツール詳細 ▷ P.48   ユーザーの声 ▷ P.102

接客・相談・契約

スピード契約をサポートする営業プレゼンツール

PRMIA
株式会社アイ工務店

あらゆる注文住宅を想定し、ミリ単位のパーソナルモジュールに対応する営業プレゼンツール「PRMIA（プレミア）」。描いたその場で価格が分かるリアルタイム見積り機能を搭載している。これからは顧客を待たせることなく「提案のスピード」で他社との差別化を図る。

接客・相談・契約

最適な提案で業績向上するリフォームローン活用支援サービス

いえーる ダンドリ リフォーム
iYell 株式会社

いえーる
ダンドリ リフォーム

ローン知識の習得が不要。現金からローンへのスイッチ提案で受注件数・受注単価のアップが図れる。リフォームローンを活用できていないライバル企業と差別化が可能。リフォームに関する助成金の相談や申請手続きも安心サポート。

接客・相談・契約

賃貸借契約の電子化で業務を大幅に効率化

電子契約くん
イタンジ株式会社

ITANDI BB＋
電子契約くん

賃貸住宅の入退去に関する契約締結をオンラインで完結できるシステム。契約書の電子データ化により郵送が不要になり、入力不備も防止する。契約フローや、必要書類のカスタマイズができるため、不動産会社のニーズに沿って利用可能だ。約500社が契約・利用している。

業務全般

集客・探客

接客・相談・契約

設計・提案

現場管理・施工管理

顧客管理・アフターサービス・リフォーム支援

業務全般

集客・探客

接客・相談・契約

設計・提案

現場管理・施工管理

顧客管理・アフターサービス・リフォーム支援

― 接客・相談・契約 ―

仲介会社利用率No.1のWEB申込受付システム

申込受付くん
イタンジ株式会社

不動産関連のWEB申込受付システムで、申込に必要な情報や進捗を管理会社、仲介会社、保証会社、保険会社などと連携し、申込書提出から審査までのやりとりを効率化する。年間約87万件の申込件数と1,600社以上の導入管理会社、93%以上の仲介会社で利用されている。

― 接客・相談・契約 ―

仮想空間での臨場感あふれるコミュニケーション

VRTalkコミュニケーション
VRTalk 株式会社

VR空間内でのビデオ通話、音声通話、資料共有、VR操作同期、会議記録、テキストチャットなどの機能を持つオンラインコミュニケーションツール。対面会話のような臨場感を実現し、超低遅延のオンラインコミュニケーションが可能だ。専用アプリ不要でブラウザ上で利用可能。

― 接客・相談・契約 ―

高機能で安心・安全な電子契約・契約管理を実現

WAN-Sign
株式会社NXワンビシアーカイブズ

電子署名法や電子帳簿保存法に準拠した電子契約と、既存の書面契約を一元管理できる電子契約システム。初期費用無料で、電子契約締結・契約管理・セキュリティ・内部統制・ユーザー管理などの機能が利用でき、利用実績に応じた料金体系であるため、最適なコストで導入できる。

接客・相談・契約

工務店向けコミュニケーションアプリ

plantable
株式会社エフ・ディー・シー

つながる家づくり plantable

「言った言わないをなくしたい」「打ち合わせをスムーズに進めたい」「他社と差別化したい」といった悩みを持った住宅事業者に最適なアプリ。施主とのやり取りを社内で共有できるため、営業状況の確認や、ノウハウ共有、課題解決といったマネジメントにも活用できる。

接客・相談・契約

安全な住宅の購入予算を算出するシミュレーションソフト

FP名人Next
株式会社エフピー研究所

FP名人® Next

顧客からヒアリングした数値を入力画面に沿って入れるだけで、将来の収支をシミュレーションし購入予算を算出できる。プランを複数作成でき、それぞれの結果をグラフや表で比較検討する事も可能。安全な予算やプランがわかるので、顧客からの信頼獲得や成約率の向上に繋がる。

接客・相談・契約

デザインテンプレートで内装打合せを効率化

365Design Market
株式会社 365LIFE

RENOVATION DESIGN SHOP
365 Design Market

新築住宅の内装の色決めは施主との大切なコミュニケーションの一つだが、ヒアリングで内装デザインを決定していくと時間がかかる。デザインテンプレートを活用し、デザインパターーンを施主に選んでもらうだけで内装打合せを完了できるため、接客業務の効率化が図れる。

業務全般

集客・探客

接客・相談・契約

設計・提案

現場管理・施工管理

顧客管理・アフターサービス・リフォーム支援

業務全般

集客・探客

接客・相談・契約

設計・提案

現場管理・施工管理

顧客管理・アフターサービス・リフォーム支援

接客・相談・契約

早期の想定利益の算出とスムーズな契約に貢献

 madric success（マドリック サクセス）
株式会社シーピーユー

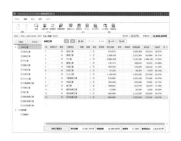

独自の市場調査をもとに住宅建築に特化したマスターを予め搭載し、一からのマスター構築は不要ですぐに見積りが行える。建物仕様を複数登録でき、グレードの異なる見積書の同時提案を実現。上位グレードへの円滑な誘導と早期の契約をアシストする。

接客・相談・契約

ショールームや不動産内見の完全無人化を実現

 遠隔接客サービスRURA
タイムリープ株式会社

インターネットを通じて店舗の接客を遠隔地から行うことができるサービス。最少人数で最大店舗数の接客ができ、展示場運営の効率化や多様な働き方の実現が可能に。リモート接客によって、顧客に寄り添ったサポートと展示場の完全無人化の両立が実現できる。

接客・相談・契約

商談機会を創出する営業支援システム

 PropoCloud
株式会社 Housmart

不動産売買仲介に特化した独自の物件データベースを保有し、その中から希望条件にあった物件を顧客に自動提案する営業支援システム。顧客の氏名とメールアドレスの登録で、中長期の追客を営業担当者に代わって実施し、商談機会創出に寄与する。

接客・相談・契約

いつでもどこでも体験可能な手軽なVR

 WebVR
株式会社ファイン

WebVR

インターネット環境があれば、パソコン・タブレット・スマートフォンなど、各種デバイスのWebブラウザで手軽に臨場感のあるVR映像を閲覧できる。内装の仕上げにこだわりの強い顧客へのプレゼンテーションや、戸建分譲案件などの販促用ツールとして活用できる。

接客・相談・契約

CADデータから瞬時にVRを作成可能

 AUTOPERS VR（オートパース・ブイアール）
株式会社ファイン

建築CADから出力したデータを読み込むだけで瞬時にVRデータが作成できるツール。360°自由な視点で建物を見渡し高さや広さを体感できるため、家の完成後に「イメージと違う」といったクレームを回避し顧客満足度の向上に役立つ。

接客・相談・契約

色・サイズ・デザインを瞬時に変更できるVR

 ハウジングVR
株式会社ファイン

ハウジング**VR**

空間の広がりや家具の高さ等を実寸大で確認しながら、色・サイズ・デザイン・プランの変更が瞬時に体験できる特許取得の3DCGVRシステム。建築プレゼンに精通したスタッフが、見せ方やストーリー、演出効果のノウハウを生かしトータルサポートする。

業務全般

集客・探客

接客・相談・契約

設計・提案

現場管理・施工管理

顧客管理・アフターサービス・リフォーム支援

接客・相談・契約

土地なし客の成約率を最大4倍にする住宅業専門・営業支援ツール

 ランディPRO
FREEDOM X 株式会社

ランディ PRO

土地なし客案件の成約率を改善する接客・追客支援システム。顧客と営業、双方が「ウェブ上の全土地」情報から探せるため、受注確度が高い土地がすぐ見つかり、契約につながりやすくなる。また、土地なし客の利用動向を可視化できるため、追客を効率化し成約率向上につながる。

接客・相談・契約

リフォームプランを最短1分で見積り提案

 リフォームシミュレーター イエプロ
株式会社リフィード

直観的に操作できる画面で商品や部材を選んでいくだけで、自動的にプランシートと見積書を作成。原価や売価も登録されているので知識が浅い人でも自信をもってリフォーム提案ができ、ミスや見積り作成などの事務作業も劇的に削減。オリジナルプランも自由に登録可能。

接客・相談・契約

内覧時間前にエアコン自動ON、終了時間に自動施錠

 スマートセルフ内覧システム
株式会社リンクジャパン

内覧開始30分前にエアコンを自動ON、終了時には自動で家電のOFFと施錠ができるシステム。ユーザーは快適な環境で内覧でき、アプリダウンロード等なしでスマートホームを体感可能なため、部屋の印象が向上。成約率の向上も見込め、事業者にもメリットがある。

設計・提案

ツール詳細 ▷ P.52

入社2年目でベテラン社員と同等レベルの提案書の作成を可能に

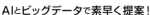 **マイホームロボ**
安心計画株式会社

⌂My Home Robo

AIとビッグデータで素早く提案！

住宅事業者が施主に提出するプレゼンボードを自動作成するAIクラウドサービス。ChatGPTによる提案文書の自動作成機能を搭載しており、営業パーソンが個々の施主に合わせたプランの特徴を素早く簡単に提示することができる。

設計・提案

VR空間をデジタルヒューマンが自動案内

 デジタルヒューマン
VRTalk 株式会社

 VRTALK
vrtalk.online

最先端の生成AI技術を駆使し、テキストだけでデジタルヒューマンを生成するVRサービス。本当の人間のようなデジタルヒューマンをVR内に追加し、自動案内などに利用できる。顧客にVR空間の理解を深め、VR空間内の全ての情報をより明確に伝達することが可能となる。

設計・提案

リフォームのビフォーアフターをVRで見比べ

 リフォーム Before&After
VRTalk 株式会社

 VRTALK
vrtalk.online

実際の間取り（VR実写撮影）にてリフォームした後のイメージを作成することが可能なシステム。従来のリフォームでは、図面や画像のみでしかイメージを確認することができないが、VRやCG、また、複数のパターンも同時に表示して見比べることができる。

業務全般

集客・探客

接客・相談・契約

設計・提案

現場管理・施工管理

顧客管理・アフターサービス・リフォーム支援

業務全般

集客・探客

接客・相談・契約

設計・提案

現場管理・施工管理

顧客管理・アフターサービス・リフォーム支援

設計・提案

Salesforceで動く階層構造の見積&ガントチャート

 見積ガントへGO!
合同会社ゲンバゴ

Salesforceプラットフォームで動く階層構造の見積り&ガントチャートのISVアプリケーション。標準の見積り機能では対応が難しい大規模な見積りの作成なども行える。Salesforceが誇るLightning Web Conpornenntにも完全準拠し、年2回のバージョンアップは顧客からの要望により決定。機能アップ・UIの刷新も積極的に行う。

設計・提案

手書き図面をAIでわずか15秒で3Dに自動変換

 ALTA Revolution
株式会社コンピュータシステム研究所

手書きの住宅間取り図面をスマートフォンで撮影し、AI解析技術を利用して3次元プランデータに変換し、瞬時に住宅パースや施主向けの住宅プレゼン資料が作成できる。室内、外観など住宅プランを360度パノラマやVR画像で表示ができ、わかりやすく提案プランが伝えられる。

設計・提案

3階建てまでの木造建築物の構造計算を行う

 KIZUKURI
株式会社コンピュータシステム研究所

3階建てまでの軸組工法木造建築物及び混構造建築物（1階がRC/S造、2～3階が木造）の木造部分の構造計算を行うソフトウェア。複数の在宅勤務者と管理者間で、構造設計案件を分担作業管理できるネットワーク/パラレル設計として活用できる。

設計・提案

施主に省エネ性能も設計意図も伝わる建築三次元CAD

A's（エース）
株式会社シーピーユー

madric **A's**

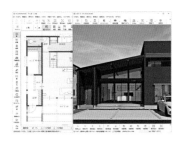

簡単操作かつ短時間できれいな３Dパースを作成し、整合性を保持できる図面作成や積算までも一貫して行える。省エネ基準の適合に関する外皮計算に対応し、データを安心して保存でき、施主とのデータ共有が容易な専用のクラウド機能も備わっている。

設計・提案

需要が高まる省エネ住宅の性能を見える化

建もの燃費ナビ
株式会社シーピーユー

建もの燃費ナビ
Powered by A's（エース）

高断熱化や日射遮蔽の有効利用、冷暖房機器・給湯器の種別など省エネ住宅に求められる高い基準を満たす設計をサポート。自動車の燃費のように、一次エネルギー消費量を建物の燃費として光熱費を算出し、グラフを盛り込んだ帳票で性能の高さを視覚的にアピールできる。

設計・提案

BIMモデリングの高精細プレゼン動画を提供

パース動画作成サービス
地盤ネット株式会社

JIBANNET

BIMで完成住宅のイメージをよりリアルに再現できる。パースはもちろんウォークスルーで建物の内外を歩き、その様子を動画でクライアントへプレゼンテーション。成約率アップに繋がる。

業務全般

集客・探客

接客・相談・契約

設計・提案

現場管理・施工管理

顧客管理・アフターサービス・リフォーム支援

ツール詳細 ▷ P.64

設計・提案

戸建販売・設計支援ソリューション

 ROOV for housing
株式会社スタイルポート

3D空間上を自由に歩き回ることができる高品質なVRを最短20分で作成。CADデータをアップロードするだけの完全自動変換で、制作業務を大幅に効率化。VRは、PCやスマホから手軽に体験可能。3D空間上でチャットもできるので、認識相違によるトラブルを解消する。

設計・提案

「速い、簡単、キレイ」なVRで成約率の向上に寄与

 DNPバーチャルエクスペリエンス VRプレゼンゲートウェイ
大日本印刷株式会社

VR
Presentation
Gateway

住宅用プレゼンテーションソフトのデータを最短15秒（※同社環境における試験による実測値）で高精細なVRに変換、自由にウォークスルーできるソフトウェア。打合せ時間を短縮し成約率向上につなげるなど、住宅事業者の業務効率化や営業DXを支援する。

設計・提案

住空間のプラン立案、美しい3Dパース作成のソフト

 Walk in home
株式会社DTS

ハウスメーカーやビルダー、工務店等のCADオペレーター、営業・設計担当者等が活用できる住空間プレゼンテーションCAD。間取り入力するだけで、平面図・立面図だけでなく、高画質なCGパースまでを同時に作成。さらに顧客商談の場では即時修正が可能で、提案がよりスムーズに。

業務全般

集客・探客

接客・相談・契約

設計・提案

現場管理・施工管理

顧客管理・アフターサービス・リフォーム支援

ツール詳細 ▷ P.76

― 設計・提案 ―

生産プロセスの合理化による利益確保

 作図・積算BPOサービス
野原グループ株式会社 住環境カンパニー

住宅ビルダーの利益確保には生産プロセスの起点となる設計業務の合理化が必須。「作図・積算BPOサービス」は、住宅用高性能CAD「Architrend Zero」をフル活用した海外CADセンターによるONESTOPサービス。住宅設計業務の合理化を支援する。

― 設計・提案 ―

建築建材のデジタルデータプラットフォーム

 Arch-LOG（アークログ）
丸紅アークログ株式会社

建材一つ一つの情報をデジタルデータで管理し、建築設計における建材選定から施主への提案、施工管理から竣工後の保守管理に至るまで一貫して建材情報を共有・管理できる建築建材のデジタルデータプラットフォーム。無料で会員登録しログインするだけで、誰でも使用できる。

― 設計・提案 ―

仕様決めに必要な情報をすべてデジタル化

 仕様決めシミュレーター イエプロ
株式会社リフィード

漏れなくミスなく打合せを行い施主との間で「言った言わない」をなくすための仕様決め打合せツール。打合せ後の書類は自動作成され事務作業も劇的に削減。施主自身がスマホで商品や仕様を確認でき満足度もアップ。事前に確認することで打合せ時間も短縮。

業務全般
集客・探客
接客・相談・契約
設計・提案
現場管理・施工管理
顧客管理・アフターサービス・リフォーム支援

業務全般

集客・探客

接客・相談・契約

設計・提案

現場管理・施工管理

顧客管理・アフターサービス・リフォーム支援

現場管理・施工管理

ツール詳細 ▷ P.48　　ユーザーの声 ▷ P.102

物件情報を社内外で共有するネットワークシステム

 AISYS
株式会社アイ工務店

クラウド型システムで図面や案内図などの物件情報を社内外で共有。協力業者とオンラインで繋がり、見積り、電子受発注、電子請求を行える。社内の基幹業務システムとリアルタイムに連携。社内外の業務効率化をサポートする。

現場管理・施工管理

音声認識と画像認識で建築検査を強力サポート

 スーパーインスペクションプラットホーム
株式会社アドバンスト・メディア

音声認識を活用した建築工程管理のプラットフォームサービス。指摘箇所をタップし、部位や指摘事項を連続発話するだけで検査結果が入力できる。現場でデジタルデータ化するため、検査後の事務処理作業はほぼゼロに。手書き作業と比較し、作業時間を約40％削減できる。

現場管理・施工管理

現場の入退場を瞬時に把握できる機能

 グリーンサイト（通門管理機能）
株式会社MCデータプラス

現場や作業所へ入場する建設作業員の入退場管理が可能。労務安全書類の作成・管理サービス「グリーンサイト」を利用中の現場や作業所であれば、すぐに利用できる。二次元バーコードや生体認証、CCUSカードなど、入退場の記録方法は現場の規模に応じて選択が可能。

現場管理・施工管理

労務安全書類の作成・管理サービス

 グリーンサイト（労務安全書類管理）
株式会社MCデータプラス

 グリーンサイト GREEN-site

法令に則って、労務安全書類の作成・提出・確認が効率化できるサービス。労務安全書類を作成する手間や時間、紙への印刷費用の大幅な削減が可能。また、インターネット経由で労務安全書類を受け取り、保管できるので、書類保管場所の確保が不要になる。

現場管理・施工管理

建設現場の施工管理サービス

 ワークサイト
株式会社MCデータプラス

 ワークサイト Work-Site

「グリーンサイト」の情報を連携し、建設現場における調整や管理業務が効率化できるサービス。作業間調整会議や現場管理に必要な情報がパソコン、タブレット、スマートフォンからいつでも入力・管理でき、離れた場所にいる関係者との素早い情報連携が実現できる。

現場管理・施工管理

活きている情報をタイムリーに情報共有

 TORIPPA
株式会社 Q'sfix

TORI🤝PPA

「進行している作業現場の情報」をいち早くキャッチアップし、現場とのコミュニケーションを円滑化するサービス。管理者と作業者の間で状況を「見える化」し、リアルタイムでのシンプルなやり取りで現場からの報告を簡単にまとめることができる。

業務全般

集客・探客

接客・相談・契約

設計・提案

現場管理・施工管理

顧客管理・アフターサービス・リフォーム支援

業務全般

集客・探客

接客・相談・契約

設計・提案

現場管理・施工管理

顧客管理・アフターサービス・リフォーム支援

—— 現場管理・施工管理 ——

3つの機能でシンプル簡単

SITE
株式会社 CONIT

情報共有ツールSITE は、建設業のように現場を抱える企業のためのグループウェア。課題の本質は情報共有の問題であることがほとんど。情報共有をシンプルに解決するだけで、様々なムダを無くし、受注数・利益率の向上に貢献する。

—— 現場管理・施工管理 ——

チャットで現場効率から品質確保まで管理

Kizuku **(キズク)**
コムテックス株式会社

100,000 社が利用する定番の施工管理アプリ。職人にも使いやすいシンプル設計となっており、現場のやりとりを直感的に操作できるチャットでスムーズに行うことができる。図書共有から工程管理、報告書、電子受発注まで使用できるため、基幹システムとしても利用可能。

—— 現場管理・施工管理 ——

モバイル回線搭載の屋外利用可能なクラウド録画型防犯カメラ

Safie GOシリーズ
セーフィー株式会社

屋外でインターネット環境を整えることが難しい場所向けに提供された、電源のみで設置可能なLTE 搭載クラウド録画型カメラ。「遠隔臨場」の本格実施や監理技術者の配置基準のため、いつでもどこでも現場を確認でき、交通費・人件費の削減や業務効率化を実現する。

— 現場管理・施工管理 —

遠隔臨場を簡単に実現できるウェアラブルカメラ

Safie Pocketシリーズ
セーフィー株式会社

safie
Pocket

「Safie Pocket シリーズ」は移動しながらの撮影や、定点カメラとして設置できるため、老朽化が進む建設のオペレーション＆メンテナンス業務支援、工場内でのポイント監視など、建築・土木業界をはじめ、警備業界など様々な業界での遠隔業務に利用できる。

— 現場管理・施工管理 —

ツール詳細 ▷ P.66 ユーザーの声 ▷ P.106

歩くだけ、360度現場ビューを作成

zenshot
株式会社 SoftRoid

zenshot

歩くだけで360度現場ビューをAIが自動で作成する。現場監督の移動時間を削減し、工事記録の撮影漏れを解消する。歩くだけで良いので、撮影が簡単なため、現場の大工でも毎日撮影が可能。2～3分の撮影で約50～100枚画像が登録されるため、現場を詳細に確認できる。

— 現場管理・施工管理 —

ツール詳細 ▷ P.70 ユーザーの声 ▷ P.96

月額1万円から使える施工管理アプリ

現場Plus
株式会社ダイテック

現場Plus✛

全国で47,000社以上が利用している、大好評の施工管理アプリ。チャットや工程表など必要な機能がすべて揃って、月額はわずか1万円（税別）/60ID。どの機能もシンプルな操作性なので、スマホに不慣れな人でもすぐに使いこなすことができる。

業務全般
集客・探客
接客・相談・契約
設計・提案
現場管理・施工管理
顧客管理・アフターサービス・リフォーム支援

業務全般

集客・探客

接客・相談・契約

設計・提案

現場管理・施工管理

顧客管理・アフターサービス・リフォーム支援

現場管理・施工管理

建築現場の業務効率化を徹底サポート

ダンドリワーク
株式会社ダンドリワーク

施工現場に必要な情報や、図面などの資料すべてをクラウド上に一元化。従来のツールで起きがちな連絡のミスや手間を回避し、施工現場の業務効率化を実現する。導入後のサポートが徹底的に充実していることもポイント。

現場管理・施工管理

住宅建築向けクラウド型施工管理アプリ

Walk in home CUMOE
株式会社DTS

営業から施工、アフター工程までの情報をデータで一元管理。全体スケジュール・工程表の自動生成機能や、モバイルアプリを活用した情報連携機能により、現場監督の作業負担が大幅に軽減。住空間プレゼンテーションCAD「Walk in home」とのデータ連携でさらに効率化向上。

現場管理・施工管理

リアルタイムに現場映像を共有し、遠隔サポートを実現

おうちLiveアシスト
日本リビング保証株式会社

遠隔コミュニケーションを実現するサポートツール。住宅オーナーとリアルタイムで映像を共有し、現地で確認を行っているようなコミュニケーションがリモートで可能。その場で困りごとを解決したり、メンテナンス内容の説明・提案・訪問日時の調整を実現。

業務全般

集客・探客

接客・相談・契約

設計提案

現場管理・施工管理

顧客管理・アフターサービス・リフォーム支援

メラサービス

CONNECTCAMERA

建築現場に最適なカメラとアプリを提供し、現場訪問回数の削減、施主や現場近隣からのクレーム削減、若手監督者の早期戦力化など、現場管理の生産性向上に活用できるサービス。また、ANDPADと連携しており、職人などの工事関係者にも映像配信を容易に行うことができる。

理アプリ

施工管理＋α
株式会社ブレイブ

建築会社の業務すべての一元管理を目指して誕生した誰にでも簡単に使える施工管理アプリ。一元管理することで工程を失念することがなくなる。また、現場情報を一括管理することで無駄に現場へ行く必要がなくなり、図面や写真など大量の資料を持ち歩く必要もなくなる。

現場管理・施工管理

ユーザーの声 ▷ P.100

インターネット工事不要で設置が簡単な屋外専用防犯カメラ

現場見守る君
株式会社吉田東光

短期間のレンタルが可能で、建設現場・大規模修繕・資材置き場などスポット的に監視したい場面におすすめの防犯カメラ。カメラにSIMカードを内蔵し、携帯電話の電波の届く範囲であればリアルタイム映像をスマートフォンなどで確認可能。バックアップ機能も充実している。

現場管理・施工管理

360度の圧倒的な情報量で現場が見える

THETA 360.biz （シータ サンロクマル ドット

株式会社リコー

360度カメラ RIC(
状況を、図面と紐づ(
共有できるクラウド
のように細部を確認
ない人との情報共有
可能。

ISBN978-4-88351-153-2 C2052 ¥1600E

注

（本仁
東京
（〒
電話

現場管理・施工管理

工事写真でつながる現場共有アプリ

蔵衛門クラウド
株式会社ルクレ

蔵衛門クラウド

工事写真や図面などの現場情報を、すべての工事関
係者とリアルタイムで共有する施工管理システム。
工事写真を中心に現場を「見える化」し、組織全体の
効率化を促進する。サービス内には、電子小黒板撮影
が可能なiOSアプリ・台帳ソフトも含まれる。最大
2ヶ月無料で体験可能。

現場管理・施工管理

撮影するだけで報告書ができる報告業務DXアプリ

ZENGO （ゼンゴ）
株式会社ルクレ

ZENGO

報告書の自動作成だけでなく、透かし表示により作
業前写真と同一アングルで作業後写真が撮影できる
ため、作業実態をより明確に記録することが可能と
なり、報告書の品質を向上させる。リフォーム業界で
の報告業務の省力化と併せて、作業品質をより正確
に証明することを可能にする。

業務全般
集客・探客
接客・相談・契約
設計・提案
現場管理・施工管理
顧客管理・アフターサービス・リフォーム支援

Log Walk
株式会社 log build

現場でアップされた360度写真を瞬時にVR空間化し、まるで建築現場にいるようなリモート体験が可能。隠蔽部の状況を把握するのに便利な過去に戻る機能や、施主報告のためのワンタップURL吐き出し機能を搭載。今後は、AIによる画像解析での計測や自動で進捗や安全状況の判断が可能となる予定。

現場管理・施工管理

ツール詳細 ▷ P.88

遠隔検査はこれ一つでOK　次世代型オンライン立ち会いアプリ

Log Meet
株式会社 log build

職人は着信に出るだけで、リモートで現場立会いが可能。ポインターを使用して的確に指示でき、勘違いを解消。また、職人のスマホカメラを遠隔操作しワンタップで高画質写真が撮影可能。報告書機能で『是正指示・承認・施主報告』までスゴロクのように自動生成。

業務全般

集客・探客

接客・相談・契約

設計・提案

現場管理・施工管理

顧客管理・アフターサービス・リフォーム支援

「いつでも・どこでも・誰でも」業界特化型の報告書作成アプリ

Log Report
株式会社 log build

品質検査やアフターなど、日々の報告書をスマートフォンで簡単作成。報告書の作成、是正指示と確認、完了報告までシステム画面に沿って、スゴロクのように進められる。遠隔検査をするLog Meetと組み合わせれば、検査、是正指示と確認、完了報告まで、現場に行かずにスムーズに可能。

顧客管理・アフターサービス・リフォーム支援

業務の一元化で効率化&利益確保

AnyONE
エニワン株式会社

AnyONE

3,300社以上の工務店やリフォーム会社・建築会社が利用している建設業専用のITツール。顧客情報から見積り、工程表、実行予算、発注、支払、メンテナンス情報など、アフターまで一元管理が可能。あらゆる業務を効率化し、粗利を管理・確保することができる。

顧客管理・アフターサービス・リフォーム支援

積算機能付き屋根・外装点検用ドローン

DroneRoofer
株式会社 CLUE

DroneRoofer

大手ハウスメーカーも導入しているDroneRoofer(ドローンルーファー)はiPadでの簡単な操作で屋根・外装の点検、積算、報告書作成ができ、点検作業の効率化、安全性の向上を実現する。航空局への許可取得や保険などのサポートも充実。

イエコン
株式会社 CoLife

デジタル化が進みづらい住宅領域の不便解消を目指し、住宅オーナーの悩み解消と住宅事業者のストック型ビジネス移行課題に応えるバーティカルSaaS。顧客接点強化のオーナーズクラブ管理システム＆アプリと住宅の維持・管理サービスを両軸展開している。

顧客管理・アフターサービス・リフォーム支援

住宅業界向けテンプレート完備・3年連続建設業向けSFA売上No.1

eセールスマネージャーRemix
ソフトブレーン株式会社

5,500社、185業種で導入実績のあるCRM/SFA製品。3年連続建設業向けSFA売上No.1を誇る。営業現場の使い勝手を意識した設計となっており1回の報告で全てのデータに反映される「シングルインプット・マルチアウトプット」を採用。圧倒的な「業務の効率化」と「見える化」を実現する。

顧客管理・アフターサービス・リフォーム支援

誰もがその場でリノベーションプランニング

reno select
株式会社 TRN

西標登録出願中

renoselect

住宅設備や工事価格が自由に登録可能なプラットフォーム。顧客の目の前で端末をタップし誰もが簡単にリノベーションのプランニング可能で、その場で見積書が印刷でき、商談後の業務を軽減。本部一括で価格などを変更できるため一元化も可能。IT導入補助金対象ツール。

顧客管理・アフターサービス・リフォーム支援

住宅の"記録"を残して資産価値を正しく評価

おうちアルバム
日本リビング保証株式会社

住宅点検の結果管理アプリ。住宅オーナーは住宅点検時の動画や写真、点検後の結果報告や修繕アドバイスをスマートフォン上から閲覧可能。健康診断のように住宅の点検結果を記録して住宅の状態を把握できる。点検後に修繕アドバイスを受け、メンテナンスを計画することも可能。

顧客管理・アフターサービス・リフォーム支援

住宅事業者と住宅オーナーをつなぐマルチテナント型アプリ

おうちマネージャー
日本リビング保証株式会社

住宅事業者と住宅オーナーの関係性を強化し、課題解決の支援を行うスマートフォンアプリ。自社専用の電子マネー・ポイントの「発行」「積立」「決済」を可能に。マルチテナント型のアプリとすることで、迅速かつ手軽に住宅事業者の自社商圏形成への環境整備を実現する。

顧客管理・アフターサービス・リフォーム支援

ツール詳細 ▷ P.78

これからの常識　アフター収益ツールの決定版

ツナゲルクラウド
株式会社バーンリペア

会員制サイトを手軽に開設でき、住宅事業者と住宅オーナーとの繋がりを強化し、アフター向上・紹介の獲得を支援するツール。集客・営業戦略に課題を抱える住宅事業者に対し、開設から運用までサポートする。IT導入補助金2023対象ツールにも採択されている。

顧客管理・アフターサービス・リフォーム支援

おしゃれ建材ECサイトの汎用で提案力アップ

HAGS
株式会社HAGS

オシャレ建材EC

HAGS
have a great story

オシャレな建材を求める顧客層が増えている一方、目的とする建材を探せないという問題を解消するために開設された画像からオシャレなリノベ・アイテムを探せるサイト。リノベで使用されている建材を販売しているほか、リノベのプロが厳選した25,000点以上の高品質な品揃えを実現する。

顧客管理・アフターサービス・リフォーム支援

ツール詳細 ▷ P.84　　ユーザーの声 ▷ P.104

顧客・見積・工事の情報を一元管理

i-Reform
株式会社メイズ

i-Reform
リフォーム業務統合管理・支援システム

スマホ、PCのブラウザで、顧客、見積、工事、発注、支払、入金などの情報を一元管理できるシステム。全ての情報を共有できるため、属人化をなくすことができる。また、見積段階から粗利を意識できる仕組みのため、完工後でないと利益がわからないといったことも防げる。

業務全般

集客・探客

接客・相談・契約

設計・提案

現場管理・施工管理

顧客管理・アフターサービス・リフォーム支援

ド控
名　発売元

Housing Triangle ランドハウスビレッジ

…e Robo

発行

創樹社

…NDPAD

…60円
税10%）

76…
ノ + …毎島
A T
3 ）

1-1-2
Mビル
1175

KSK　　　　　　オービックビジネスコンサルタント
住宅マネージャー＋奉行Edge 勤怠管理クラウド

勤怠管理データの入力を徹底し
働き方改革とデータ経営の深化を

スタイルポート
ROOV for housing

VRでのコミュニケーションで
住宅販売が変わる

SoftRoid
zenshot

360度現場ビューを手間なく作成
遠隔での現場管理で移動時間などを大幅削減

zenshot

ダイテック
注文分譲クラウドDX／現場Plus

機能の充実、パートナー企業とのシステム連携で
住宅会社の全業務を総合的に支援

新たな法制度や社会環境・経営環境の変化などへの対応が求められる中で、DX に向けた取り組みが必要不可欠となってきている。ここでは、様々な業務課題を解決に導く注目のDX ツールを紹介していく。

注目の住宅DXツール！

TrustLead
Pegasus

独自の分析ツールを核に
確実に効果を生み出すSNS活用を提案

野原グループ 住環境カンパニー
作図・積算BPOサービス

ムリ・ムダの排除で業務好循環を創造
設計業務の標準化・自動化を支援

バーンリペア
ツナゲルクラウド

放っておくのはもったいない　"収益の宝庫"
ストック部門を業務軽減＆低コストで収益化

フューチャーリンク
すごいよ山下くん

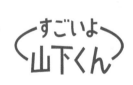

原価を見える化し利益率を改善　受発注業務を
デジタル化するクラウド型原価管理システム

メイズ
i-Reform

「終わってみたら赤字」を回避
カスタマイズ性にも優れた統合管理・支援システム

log build
Log System

人手不足を解消
リモート施工管理で現場タスクを60％削減

アイ工務店

Ai-COSS

さらに進化した工務店
経営プラットフォーム

急成長を実現した住宅会社が成長のための経営ノウハウを提供

2010年の創業から急激な成長を続けるアイ工務店。住宅企業では№1の売上成長率を誇る同社（東京商工リサーチの調べ）の成長ノウハウを余すことなく提供しようというのが、工務店経営のプラットフォーム「Ai-COSS」だ。新たな機能や工務店経営の実態に即したバージョンアップなど、さらなる進化も遂げており、導入企業からも高評価を得ている。

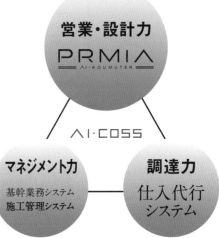

営業・設計力
PRMIA
AI-KOUMUTEN

AI-COSS

マネジメント力
基幹業務システム
施工管理システム

調達力
仕入代行
システム

工務店経営の実態を踏まえて
より使いやすいシステムを提供

工務店経営のプラットフォーム「Ai-COSS」は、生産性向上に貢献する基幹業務システムと施工管理システムを包括する「AIsys（アイシス）」、即提案・速契約を実現する営業プレゼン・見積システム「PRMIA（プレミア）」、調達コストの削減を促す仕入代行システムという3つの仕組みで構成されている。いずれもアイ工務店の成長を支えてきたものだ。

まず「AIsys」は、顧客・商談管理から原価、発注、請求、アフターサービスなどの住宅建築の全ての業務をサポートするクラウド型の基幹業務システム。電子発注なども行えるようになっており、業務負荷の軽減や効率化に貢献する。電子帳簿保存法の改正やインボ

イス制度などにも既に対応している。

施工管理機能も備えており、社外の協力事業者との情報共有やコミュニケーションを円滑に進めることができる。

ID数に応じて料金が高くなるということもなく、協力事業者が増えてもコストが変わらない点も「AIsys」の特徴のひとつ。

また、工務店経営の実態を踏まえて、工務店の声を反映しながら、不要な機能などを集約し、より使いやすく、なおかつより大きな効果が得られるようにバージョンアップを施した。

さらに分譲住宅やリフォーム事業などでも使えるための機能を新たに実装したほか、会計データをエクスポートし、他の会計ソフトなどと連携するといった作業が行いやすくなった。

即・提案
速・契約

営業プレゼン・見積システム

見積り作成期間
99%削減（同社比）を実現

簡単操作でプラン作成　　　　　　　　ボタン1つで見積書作成

顧客を待たせずにスピード提案。アイ工務店の営業が実務で使う営業プレゼン・見積りシステムでスピード受注をサポート

生産性向上
基幹業務システム
施工管理システム

アイシス

社内・協力会社の情報を
一括管理で作業量大幅カット

工務店業務に必要な機能がすべて揃っています

協力業者ともシステム連携
〜見積・受発注・請求〜

協力業者へのライセンスは無制限で無償発行
利用ユーザー 10,000 数超の実績（発行 ID 数）

工務店業務に特化した一気通貫型システムで面倒な業務を高効率化。アイ工務店・協力会社が実務で使う基幹業務システムで情報を一元管理し、作業量を大幅カット

仕入代行
システム

アイシス

スケールメリットを生かした
コストダウンの実現と
調達リスクの軽減

注文住宅・分譲住宅・リフォーム

アイ工務店が持つ、独自の発注システムで大幅コストダウン、調達リスクを解消。アイ工務店が標準採用する資材を、同水準で調達可能に

プラン集の提供をスタート
営業担当者の即提案を支える

営業プレゼン・見積システム「PRMIA」は、簡単なマウス操作とドラッグ＆ドロップによって営業担当者でも簡単に平面プランを作成できるツール。その情報から3Dの立面図やパース、さらにはルームツアーが行えるVR画像も自動で作成できる。

このツールを活用することで設計担当者が同行することなく、営業担当者だけでプラン提案が行えるようになるため、営業力の強化、さらには設計業務の効率化などを実現できる。

さらに、新たに「Z-MAP」というプラン集の提供もスタート。これは顧客の要望を聞きながら、その場でアイ工務店の458プラン（反転プラン含む）から最適なものを提案できるというもの。

プランをカスタマイズすることも可能で、ゼロからプランを作成するよりもスピーディーにプラン提案を行えるようになる。

打ち合わせの場でプラン提示を行うことも可能になり、営業担当者による即提案、さらには即契約にもつながるツールとなっている。

資材価格の高騰も克服
より充実する仕入代行システム

仕入代行システムも「Ai-COSS」を導入する大きなメリットとなっている。アイ工務店の資材調達力を生かして、プレカット材から建材・設備まで1棟分の資材を調達することが可能だ。

ただし、FCなどとは異なり、必ず特定の資材をアイ工務店経由で購入するといった縛りはなく、工務店の状況に応じて必要なものだけを発注できる自由度の高い仕組みになっている。

最近では高断熱住宅対応の商材やアイ工務店のオリジナル商材の取り扱いも拡充。オリジナル商材については、壁倍率3.3倍の大臣認定を取得している制震ダンパーやプレセットタイルパネル「TOWA」などを販売している。「TOWA」は、タイルを下地サイディングに予め工場で張り付けた一体型パネル。高級感のある外壁でありながら、工期はサイディングと同等だという。

さらに設備機器の延長保証や構造躯体の20年保証といった付帯サービスも提供している。

「Ai-COSS」を導入することで、タイルを下地サイディングに張り付けたアイ工務店オリジナルの一体型パネル「TOWA」を購入することも可能

仕入代行システムについては、建設資材の高騰の影響もありニーズが高まっており、中小工務店1社だけでは難しい調達リスクを回避できるものとしても注目度が高まってきている。

導入企業で高まる評価
様々な効果が明らかに

現在、全国50社の工務店が「Ai-COSS」を導入しているが、アイ工務店では導入前の打ち合わせを通じて、「対等の関係性を維持しながら理念を共有できると判断した工務店との提携を進めている」という。

既に「Ai-COSS」を導入した企業からは、様々な声が上がってきており、例えば「積算・購買担当者の目線では、工務店が楽を出来るシステム」といった評価を得ている。

その他にも、「商談サイクルが高速化し、プラン提案回数が飛躍的に増えた」、「コストを抑えて住宅の高性能化を実現し、集客も好調」、「実行予算策定時と完工時の利益率のブレが5％程度あったものが、今では1％程度で収まるように」、「（仕入代行システムによって）15％くらいコストダウンした商材もあった」。「（仕入代行で購入した気密部材をマニュアル通りに施工したところ）C値0.2㎠／㎡という測定結果が出た」、「（高気密・高断熱化しても）資材原価を約10％コストダウンできた」といった声が寄せられている。

こうした採用者の声は「Ai-COSS」が工務店経営にもたらす効果が大ききことを証明しており、まさにアイ工務店の成長のノウハウを全て提供するツールであると言えそうだ。

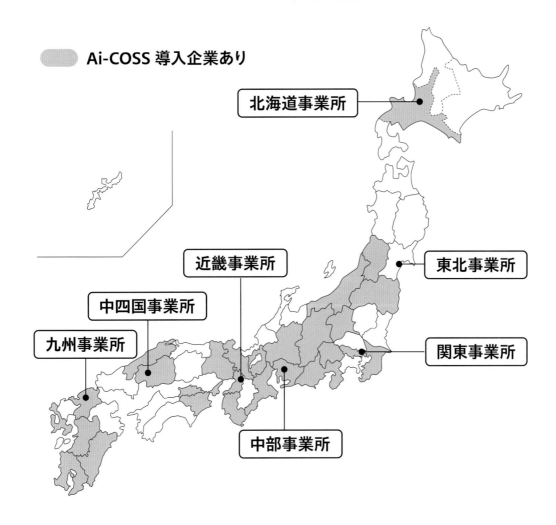

51

安心計画

マイホームロボ

約4000プランのデータベースで確度の高いファーストプランの提案を可能に

> 営業スタッフのプラン提案力を AI でアシスト

安心計画は、AIを活用した建築ロボアドバイザー「マイホームロボ」を提供している。熊本県の住宅会社である Lib Work と共同開発したもので、AI によって営業スタッフのプラン提案力の向上をバックアップする。加えて、施主に提出するプレゼン資料一式を自動作成できるサービスだ。

AI を活用したプラン提案で住宅営業に新しい潮流を

　金融業界などでは、AI などを活用しながら資産運用などに関する相談に対応するロボアドバイザーが注目を集めはじめている。「マイホームロボ」は、このロボアドバイザーの仕組みを住宅営業にも導入しようというものだ。

　AI を活用したプラン提案という住宅営業の新しい形態を具現化し、施主とのファーストコンタクトの段階で受注に至るまでの確度を高めるツールになっている。

　施主が 15 問の簡単なアンケートに回答すると、約 5 分で AI が最適なプランを複数提案してくれる。提案するプランは、4000 件以上もの住宅プランを集めたデータベースから選ばれる。

　それぞれのプラン情報には、平面図だけでなく、超高画質の内観・外観 CG パース、室内をパノラマで360 度見回せる VR 画像なども用意されている。それぞれのプランには、CAD 編集が可能なデータも用意されており、このデータを 3D 住宅プレゼン CAD「ウォークインホーム・プラス」にインポートしてプランを反転・回転すれば、実質的なプランは1万件以上。

　また、「マイホームロボ」で建物の大きさや間取りなどを設定して選び出したプランを叩き台とし、実際の敷地条件に合うプランに微調整したり、細部の変更も自由なため、初期提案から一歩も二歩も進んだ、より現実的な提案も可能となる。

提案プランの施主への案内文も AI で生成

　さらなる機能強化を図るために、ChatGPT を活用した自動コメント作成機能も新たに追加された。

　ChatGPT を利用して、プランの案内用の文章を AI が個別に自動生成してくれる機能で、アンケート結果なども考慮しながら、それぞれの顧客に合った提案ポ

イントを案内文にしてくれる。

　営業担当者は、これにより効果的な提案文入りのプレゼン資料を簡単に作成できるというわけだ。自動生成された文章データはそのまま使えるだけでなく、自由に修正を加えることも可能。

若手社員も"売れる提案"が可能に

　安心計画では、全国の工務店に「マイホームロボ」を提案しており、着実に導入企業が増えてきている。

　また、住宅プランのデータベースについても、共同開発したLib Workのプランに加え、了解を得た導入企業のプランも追加されるため、やはり増えてきている。

　安心計画では、「まずは1万プランを目標にデータベースを拡充していきたい」としている。

　営業担当者がファーストプランを作成・提案する工務店も増えているが、経験が浅い営業スタッフにとっては、なかなか施主の心を掴むプランの作成・提案は容易ではないだろう。「マイホームロボ」を活用すれば、ゼロからプランを作成する必要がなく、しかも若手社員でも初期段階から複数のプランをスピーディに提案でき、ChatGPTや高画質CG・パノラマVR等で施主に大きく印象付けることができる。

　また、ホームページやオンラインイベントで集客した見込み客に対して、「マイホームロボ」のアンケート画面を案内し、「AIによるプラン提案を利用してみませんか」と投げかけることで、オフラインでの営業活動につながる動線をより太くできる。

　AIで住宅営業を変える―。「マイホームロボ」は、その可能性を秘めたDXツールだと言えそうだ。

建築ロボアドバイザー「マイホームロボ」とは

施主がメールやQRコードからライフスタイルについてのアンケートに回答。

AIが個々の施主に合った最適なプランを検討。

同時に高画質CGパースとVR閲覧用のQRコードを配置したプレゼンボードをAIが自動作成。すぐに提案可能。

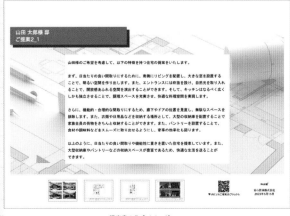

AIが生成したプランの説明文を提案資料に活用することができる

提案書の作成イメージ

若手社員のクロージング率が向上
AI 活用で人間はよりクリエイティブな作業に集中

Lib Work
瀬口 力 代表取締役社長

熊本県山鹿市に本社を構える Lib Work は、安心計画とともに「マイホームロボ」の開発に携わり、いち早く AI を活用したプラン提案に取り組んできた。「マイホームロボ」導入から約 1 年が経過した同社に、どのような効果が得られているのかを聞いた。

インサイドセールスとオフライン営業で活用
受注確度の向上に大きく貢献

—どのように「マイホームロボ」を運用しているのでしょうか。

大きく分けると、2 つのやり方で「マイホームロボ」を活用しています。

ひとつ目は、インサイドセールスの段階で活用し、その後の営業活動の確度を高めるために「マイホームロボ」を使用しています。

コロナ禍以降、多くの工務店が Web やオンラインセミナーなどで集客を行うようになりました。しかし、Web 経由のお客様のなかには「今すぐに住宅が欲しい」と考えていない方々も多い。その状態で営業活動を行おうとすると、非常に非効率になってしまい、営業担当者の受注率も下がっていきます。

そこで当社では、営業担当者に引き継ぐ前に、専門のスタッフが電話やメール、チャットなどを活用してお客様とのコミュニケーションを図り、お客様の意向を探るインサイドセールスを導入しています。インサイドセールスでお客様の意向を確認してから、営業担当者に情報を渡し、モデルハウスへの来場を促しながら営業活動へとつなげていくという業務フローを実践しています。

このインサイドセールスの段階で「マイホームロボ」を活用するのです。お客様に「アンケートにお答えいただくと AI が最適なプランを提案しますよ」と伝えるのです。お客様の方も「無料でプランを作成します」と伝えると遠慮をしてしまいますが、「AI が‥」と伝えると、意外と遠慮なくプラン提案を受けるようです。

AI のプラン提案を希望しているということは、具体的に住宅取得を考えている可能性が高いので、受注に至る確率も高いと考えています。

その後、インサイドセールスの担当者がモデルハウスへの来場などを促します。そこからは営業担当者が引き継いでいくのです。

2 つ目の「マイホームロボ」の活用シーンは、営業担当者が引き継いだ後に、お客様の要望を聞きながらプラン提案を行う際です。「マイホームロボ」に様々な条件を入力すると、約 4000 プランのなかから最適なプランを提案できます。しかも 1 プランだけでなく、複数のプランを提案できます。

それぞれのプランには平面図だけでなく、CG パース、さらには VR 画像も用意されているので、お客様は完成後の姿をイメージしやすくなります。

初回面談後すぐに複数のプランを提案できる点もメリットのひとつです。これまでなら営業担当者が自らプランを作成したり、お客様の要望を設計担当者に伝えて提案プランを形にしていたわけですが、多くの場合は 1 プランしか提案できませんでした。上手く要望を理解できていないと、的外れな提案をしてしまうこともあり、商談がそこで終了してしまうことも多々ありました。

「マイホームロボ」であれば、設計者にお願いすることなく、複数のプランを提案できる。複数のプランを提案すれば、多くの場合、お客様のニーズに近いものがあります。

そのプランをもとに、もう一度お客様の要望を聞き、次の設計者のプランを提案する。

ここまで来ると、ほとんどの場合は受注へとつなげることができます。

「マイホームロボ」を活用した提案でクロージング率が向上

モデルハウスなどに来場した際の推進力も高まっている

■ 懐疑的だったベテラン社員や設計者も歓迎
残業時間も減少

—導入後、どのような効果が上がっていますか。

　まずは比較的経験の浅い若手社員のクロージング率が向上しています。導入前と比較すると2倍くらいになっていると思います。

　若手社員の場合、なかなか自分でプランを作成することができません。提案力やヒアリング力もベテラン社員と比較すると低い。「マイホームロボ」は、こうした若手社員とベテラン社員の差を埋めてくれます。

　「マイホームロボ」の新機能であるAIによるプランの説明文章も重宝しています。若手社員はプランの説明分を考えるだけでも一苦労です。その部分をAIが補ってくれることで、提案力が向上するだけでなく、若手社員の勉強にもなっているようです。

　ベテラン社員も最初は導入に乗り気でない様子でしたが、今では積極的に活用しています。自分でプランを作成する手間が減るので、本来の職務である営業活動に集中できるのです。

　営業担当者がファーストプランを作成する工務店が増えてきていますが、やはり設計者が考えたプランと比較すると、どうしてもクオリティが劣ります。結果として受注に至らずに商談が終わってしまうケースも多いのではないでしょうか。

　しかし、設計者に全てのプラン作成を依頼するとなると、設計部門の業務負荷が増大します。「マイホームロボ」はこうした問題を解決してくれるのです。

　当社の設計者は、「マイホームロボ」の導入当初は少し懐疑的な部分もあったようです。自分たちの仕事をAIに奪われるという意識があったのかもしれません。今では業務負荷が減ったことで設計部門の残業時間も減少し、設計者も喜んでいます。

　AIが選んだプランでCADデータを生成し、設計者が一切関与しないで住宅を提供できるのではないかという意見もありますが、当社ではさすがにそれは難しいと考えています。

　やはりお客様のこだわりもあるので、既存のプランを基に設計者が最終的な設計を行っていくことが大事になります。設計者にはAI活用によって生まれた時間を、この部分に使って欲しいのです。AIで業務を効率化することで、人間はもっとクリエイティブな部分で才能を発揮していけばいいのです。それがお客様の満足度にもつながっていくでしょう。

■ 今後はAIでの画像生成も視野に

—今後のAI活用についてどうお考えですか。

　現在はテキストをAIで生成していますが、近い将来、画像の生成にもAIを使えるのではないでしょうか。「マイホームロボ」に蓄積されたプランデータをAIで解析し、例えば「もう少しヨーロピアンテイストに」といった要望に応じて自動でCGパースなどを生成していくことが近い将来、実現するでしょう。

　そうなる、さらに「マイホームロボ」を利用するメリットは大きくなるはずです。

My Home Robo

安心計画株式会社
TEL 092-475-1751
https://my-homerobo.com/

55

アンドパッド

ANDPAD

建設分野を代表する
DXツールに

現場の効率化から経営改善までカバーし働き方改革を総合的にサポート

　アンドパッドのクラウド型建設プロジェクト管理サービス「ANDPAD」は、17万社を超える企業が利用する建設分野を代表するDXツール。

　現場管理アプリとしてスタートした「ANDPAD」だが、今では「ANDPAD施工管理」、「ANDPAD受発注」、「ANDPAD引合粗利管理」といったツールを次々と開発し、今では現場の効率化から経営改善までカバーする総合的DXツールに進化している。

　また、ANDPADの導入前に行う業務効率化に関する導入支援や導入後の運用支援などでも高い評価を得ている。さらには「ANDPAD AWARD DXカンパニー賞」として、DXによって業務改革に取り組む企業を表彰することで、住宅・建築業界におけるDXの推進にも貢献しようとしている。

導入企業数 No.1※

利用社数
17万社

ユーザー数
44万人

※「クラウド型施工管理サービスの市場
動向とベンダーシェア（ミックITリポー
ト2021年10月号）」（デロイト トーマ
ツ ミック経済研究所調べ）

ノンコア業務を ANDPAD で効率化し
コア業務に集中する環境を創造する

アンドパッド　経営戦略本部 マーケティング部
長濱 純人 マネージャー

2023 年 10 月からのインボイス制度、2024 年 4 月からの時間外労働規制の導入など、住宅業界に関連する法制度の改正が次々と押し寄せようとしています。

当社としては、ANDPAD を導入することで、ノンコア業務の部分はツールによって効率化し、コア業務の部分に集中していただく環境を創造することで、住宅会社様の働き方改革を支援していきたいと考えています。

そして、本来、現場監督の方々が行うべきコア業務に集中してもらい、業務効率化と業務品質の向上を両立していく—。それが ANDPAD の役割だと考えています。

当社では ANDPAD を導入していただく前に、導入支援のための徹底的なヒアリングを行っています。100 名以上の専門スタッフが導入企業様にお伺いし、コア業務とノンコア業務に業務を整理していき、ANDPAD で効率化できる部分をお客様と一緒に検討していくようにしています。ツールを導入するだけでは抜本的な効率化は図れません。だからこそ導入前のヒアリングが重要だと考えています。

また、導入後の支援も充実しており、運用段階でのご相談にも万全の体制で対応しています。この点も他社にはない ANDPAD の特徴だと自負しています。

基幹システム等との連携が可能になり
二重入力問題などを解消

「ANDPAD API 連携」の提供も開始しました。住宅会社様などが現在使用している基幹システムなどと ANDPAD を API で連携させようというものです。

「ANDPAD を導入したいが、既存の基幹システムを使い慣れているので…」という住宅会社様も多いかと思いますが、この「ANDPAD API 連携」を活用すれば自社開発の基幹システムであっても API 連携を図れます。例えば、電子受発注に踏み切るために受発注の部分だけを ANDPAD で行い、それ以外の業務は従来通り既存の基幹システムを使い続けたいといった要望にもお応えできるようになりました。

複数のシステムを併用している場合は、データの二重入力が必要になり、かえって業務が煩雑化してしまうといった問題を解消できます。

また、古い基幹システムの場合、法制度への対応が難しいケースもありますが、ANDPAD は絶えずバージョンアップや機能追加などを行える開発体制を整えています。法対応などに追いつけなくなった部分を ANDPAD に順次置き換えていくといった使い方も考えられます。

働き方改革を推進していくということは、業務改革を行い、新しい時代に対応できる業態へと変革していくチャンスです。当社としても全力で住宅会社様の働き方改革をお手伝いしていくつもりです。

「日本スタートアップ大賞 2023」で
国土交通大臣賞を受賞

アンドパッドは、経済産業省が主催する「日本スタートアップ大賞 2023」において、国土交通大臣賞（国土交通スタートアップ賞）を受賞した。
業務時間削減・生産性向上等の実績、施工管理の効率化から経営改善までを支えるトータルパッケージとしてのサービス提供、誰もが簡単に操作できる UI、建設業界従事者向けの丁寧な教育といった「ANDPAD」の特徴が高く評価され、受賞に至った。
「日本スタートアップ大賞」は、次世代のロールモデルとなるような、インパクトのある新事業を創出した起業家やスタートアップを表彰し称える制度であり、同社以外にも日本を代表するスタートアップ企業が表彰されている。

あらゆる業務の DX ニーズに対応

「ANDPAD」は、大きく「ANDPAD 施工管理」、「ANDPAD 受発注」、「ANDPAD 引合粗利管理」という 3 つの機能に分かれている。

「ANDPAD 施工管理」は、クラウド上で現場管理に関する様々な情報を蓄積・整理していき、協力会社も含めて情報を一元的に共有していくためのツールだ。チャット形式でのコミュニケーションも行うことができる。

また、電子化された図面データ上に指示や撮影した写真を配置する「ANDPAD 図面」という機能も備えている。検査における是正依頼を図面上に集約し整理することもできるので、一覧化した指示書の出力も時間をかけずに行える。

「ANDPAD 受発注」は、受発注業務をデジタル化するためのツールであり、見積、受注、請負、納品、請求などの取引データをクラウド上で共有しながら、協力会社と共有できる。タイムスタンプや電子署名といった機能を備えており、改正電子帳簿保存法などへも容易に対応可能だ。

またインボイス対応も図っており、例えば請求書記載内容の確認作業の自動化機能を実装。この機能は、国税庁のデータベースと連携する形で協力会社の登録番号の正誤チェックを自動化するもの。また、インボイス制度開始後は登録された番号がANDPAD 受発注で提供される適格請求書指定要件フォーマット機能に自動反映されるようになり、元請会社と協力会社、それぞれの業務負荷を大幅に削減する。

「ANDPAD 引合粗利管理」は、営業・売上・予算・入金・アフターのデータを 1 ヶ所に集約するためのものだ。あらゆる経営に関係するデータを可視化し、経営改善のための分析を容易にする。まさに本格的なデータ経営へと導くツールである。

使用中の基幹システムとも連携
外部システムとの協働で機能拡張

導入ユーザーが使用している基幹システムなどと施工情報や受発注情報を連携できる「ANDPAD API 連携」の提供も新たに開始した。

業務のデジタル化に向けて業務分野毎に異なるシステムを導入してしまった結果、同じ情報を複数回入力する手間が発生したり、入力漏れや誤入力による業務エラーなどが頻発したりといった事態に直面している企業も少なくない。また、既存基幹システムを更新できずに、新たな法制度などへの対応が遅れるケースもある。

「ANDPAD API 連携」を利用すれば、例えば「ANDPAD 施工管理」や「ANDPAD 受発注」などを導入し、基幹システムと情報を共有することが可能になるため、二重入力問題などを解消できる。基幹システムを変えることなく、新たな法制度への対応を図りやすくすることも可能だ。

一方、同社では外部システムとの連携による機能拡張も推進している。例えば、9 万社を超える建設元請会社・協力会社が利用する「建設サイト・シリーズ」を提供する MC データプラスとの協業プロジェクトに着手している。その他にも、建築現場向け業務支援カメラサービス「コネクトカメラ」を運営するピクトグラムとのシステム連携を行い、遠隔臨場を通じた業務効率化の支援に乗り出すなど、様々な分野のシステムと連携を図りながら、さらなる機能拡張を進めている。

業務のデジタル化を進め、さらにその先の DX を具現化するために、アンドパッドでは他のシステムとの連携も図りながら、総合的な DX プラットホームへと進化を遂げようとしており、まさに建設分野を代表する DX ツールとしての存在感を強めている。

NEW 「ANDPAD API 連携」提供開始

アンドパッドが開発・提供を行う「ANDPAD 施工管理」「ANDPAD 受発注」に関する API 連携の提供を開始。API 連携により、例えば顧客管理システムと ANDPAD で管理している施工情報をシームレスに繋ぎ、常に案件の最新情報を各企業が利用するシステムでも確認することができる。また、発注データ作成から請求データの取込まで ANDPAD 受発注と連携できるため、手作業による発注データ作成の工数削減や、入力ミスの防止を実現する。

ANDPAD
引合粗利管理　営業管理から経営管理まで、ひとつに集約

ANDPADで、問い合わせからアフターまで一元管理！

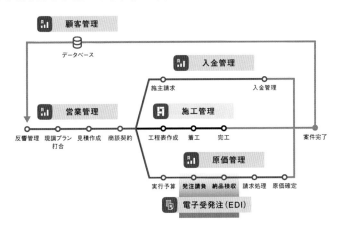

想定されるユーザー

営業担当
顧客管理 / 受注管理

工事担当
施工管理 / 原価管理 /
電子受発注（EDI）

経理担当
入金管理 / 支払管理

経営者
業績分析

広がる外部サービスとの連携

株式会社住宅性能評価センター

住宅性能評価センターをはじめとする大手3社の指定確認検査機関が提供する各電子申請システムと「ANDPAD」がデータ連携を行い、各指定確認検査機関で保有する建築確認、中間検査、完了検査、設計性能評価、建設性能評価の進捗状況が、「ANDPAD」上で複数現場を同時に確認できるようになった。これにより、建築確認・住宅性能評価の進捗管理における生産性の向上に繋がる。

JIO Webシステム

日本住宅保証検査機構（JIO）が提供する「JIO Webシステム」とのシステム連携を行い、住宅瑕疵保険および検査に関わる業務効率化を促進。「ANDPAD」と「JIO Webシステム」間の案件・物件情報の連携を行うことにより、これまでそれぞれのシステムに手入力していた情報を共有可能に。ペーパーレス化、二重入力、検査忘れ防止などに貢献する。

CONNECTCAMERA

「ANDPAD」とピクトグラムが提供する建築現場向け業務支援カメラサービス「コネクトカメラ」を連携。「コネクトカメラ」は、建設現場に設置し、午前・午後・1日のタイムラプスを再生できるクラウドカメラで、動画ではなく等間隔で撮影された写真をパラパラ漫画のように再生する技術を持つ。遠隔から現場状況を把握することで、現場業務のムダをなくし、生産性を向上させる。

この他、連携サービス多数——

ANDPAD

株式会社アンドパッド
03-6831-4551
https://andpad.jp/

KSK
住宅マネージャー

オービックビジネスコンサルタント
奉行Edge 勤怠管理クラウド

勤怠管理データの入力を徹底し
働き方改革と
データ経営の深化を

残業時間の
上限規制に対応する
第一歩

2024 年 4 月、いよいよ建設業界でも時間外労働の上限規制が導入される。これによって原則として月 45 時間、年 360 時間が残業時間の上限となる。臨時的な特別な事情があって労使が合意する場合であっても、「月 100 時間未満、平均 80 時間、年 720 時間（月 45 時間超えは年 6 回まで）」を超えることはできない。違反した場合、罰則が科せられる恐れがあるだけに、住宅業界でも本格的な働き方改革が求められることになるだろう。

　こうしたなか、住宅事業者向けの基幹システム「住宅マネージャー」を提供する KSK では、財務会計システム「勘定奉行クラウド」や勤怠管理システム「奉行 Edge 勤怠管理クラウド」などを展開するオービックビジネスコンサルタント（OBC）との連携を強化し、住宅業界の働き方改革を支援しようとしている。

　OBC 営業本部営業部東日本ブロック関東支店の築場治支店長、佐々木祐介 第三チーム長と、KSK ビジネスソリューション事業部 住宅ソリューション営業グループの山口靖営業部長に話を聞いた。

リアルタイムに残業時間を把握し
事前に超過を抑制

—いよいよ2024年4月から建設業にも時間外労働の上限規制が設けられるわけですが、既に規制が適用になっている他業界はどのような状況なのでしょうか。

佐々木　上限規制の導入とコロナ禍が同じタイミングだったこともあり、多くの企業で残業時間が減っているようです。

　ここにきてコロナ禍も落ち着いてきたこともあり、まずはしっかりと勤怠管理を行い、適切なワークライフバランスを図ろうという機運がさらに高まっている印象があります。

山口　我々のIT業界も残業時間が多い業界ですが、残業時間の上限規制が導入されてからは、会社としても残業時間の圧縮に向けて、それぞれの部門の管理者に厳しい要求が来ています。従来は「もう帰るの」という雰囲気があった会社でも、今は「早く帰らないと」という意識に完全に切り変わっています。

　建設業は2024年4月まで猶予があったこともあり、これから運輸業と合わせて本格的な働き方改革が求められるでしょう。

築場　当社で供給している給与計算システムは、おかげ様で様々な業界の方々に広く使っていただいていますが、オプションである勤怠管理のシステムを利用している企業様は2割くらいでした。手作業で勤怠の管理をしていたのでしょう。しかし、働き方改革に関する取り組みが進むなかで、勤怠管理システムも採用している企業様が増えてきています。

　恐らく、働き方改革の推進に向けて、勤怠管理の在り方を変えようという企業様が多くなってきているのではないでしょうか。

佐々木　従来のタイムカードなどを用いた勤怠管理の場合、残業時間は給与計算を行う段階にならないと分かりません。そのため、「閉めてみたら想像以上に残業時間が多かった」ということも起こり得ます。

　当社の勤怠管理システム「奉行Edge 勤怠管理クラウド」は、ICカードやスマートフォン・タブレットなど、様々な打刻方法を選択できます。そのため、直行・直帰の場合であっても、確実に勤怠管理を行えます。また、その情報をリアルタイムに把握できるので、

オービックビジネスコンサルタント
営業本部営業部東日本ブロック関東支店
築場 治 支店長

残業時間の上限を超えそうな社員にアラートで知らせるといったことができます。これによって残業時間が超過することを予防します。

勤怠管理データから
利益や業務の改善点を把握

—ある意味では、適切な勤怠管理は働き方改革の「一丁目一番地」になりそうですね。ただ、住宅業界の場合、直行・直帰も多く、そもそも勤怠管理が適切に行われているのかという指摘もあります。

佐々木　当社の勤怠管理システムでは、工数オプションというものを用意しています。この機能を活用すると、複数の現場を担当している社員の方々が、どの物件に何時に入り、何時に次の現場に移動したのかまで把握できるようになります。

山口　こうした担当者ごとの現場滞在時間などの情報を当社の「住宅マネージャー」に取り込んでいくことで、より正確な利益管理も行えるようになります。

　住宅会社の多くは、粗利は把握しているが社員の人件費まで考慮した営業利益までは把握できていないのが実情ではないでしょうか。

　その結果、粗利はそれなりに確保できているのに、

どうも最終利益が少ないという状況に陥ってしまう。担当社員の方々の残業時間が増えていれば、当然ながら利益を圧縮していきますから。

担当者が特定現場にどのくらいの時間を費やしているのかが分かるようになれば、こうした状況も回避できるようになるのです。例えば、A、B、Cという現場を同時に担当している人の給与が40万円だとすると、勤怠管理のデータに応じてAが20万円、Bが10万円、Cが10万円というようにコストを算出できるわけです。

それだけに、「住宅マネージャー」と「奉行Edge勤怠管理クラウド」が連携する意味は大きいと考えています。勤怠状況をリアルタイムで把握しているので、残業時間が増えてくると「住宅マネージャー」で、本人だけでなく管理者にもアラートを鳴らすということも可能になります。

さらに言うと、担当者毎に改善すべき点も見えてくるのです。「他の人より移動時間が多い」とか、「特定の現場にだけ多くの時間を使っている」といったことが見えてくるわけですから。

ツール導入前の業務の棚卸し作業が必須に

―住宅業界では、働き方改革を求められる一方で人材不足も深刻化しています。こうした状況を克服する方法はあるのでしょうか。

築場 我々の提案としては、やはりDXによって効率化が生産性を向上していくことだと思っています。ただ、まずは既存の業務を見直すことが重要です。「この業務は本当に必要なのか」、「もっと効率的な方法があるのではないか」といったことを、業務の棚卸をしながら検討していくことから始めることが肝要です。

その上でデジタルツールを導入して、さらに効率化を図っていくべきだと考えています。

山口 例えば100名の人員で100の成果を出していたとします。人材不足が深刻化し、働き方改革も進めようとなると、これを90名の人員で120の成果を出せるようにしないといけない。

一聴すると無理な話だと思うかもしれませんが、業務の棚卸しを行い無駄な業務を排除し、その上でツールを導入していけば十分に可能です。しかし、業務の棚卸しもせずにツールだけを入れても大きな効果は得られません。

だからこそ当社では、営業段階で色々なお話を聞き、効果が得られるようならシステムの導入を提案するようにしています。また、導入前もニーズと乖離している部分がないかを把握する「フィット&ギャップ」を行いながら、改善点などを継続的に提案しているのです。

佐々木 当社では実際にシステムを導入していただいた企業様の実績などを踏まえて、人事労務業務のベストプラクティスを紹介しています。DXによってどのくらい、人事・労務業務を削減できるのかを具体的に示したものです。これを見ていくと、かなりの業務時間を減らせることが分かります。

築場 人事・労務部門というのは、意外とまだまだ紙の文化が残っています。結婚しました、引っ越しましたといった申請も紙で行い、それを担当者の方々が入力するといったことが行われています。当社のシステムを活用すると、こうした業務を自動化し、会計システムとも連携されるため、データを再入力なども無くなります。

建設業の企業様の場合、営業や工務部門などのフロ

オービックビジネスコンサルタント
営業本部営業部東日本ブロック関東支店 第三チーム
佐々木 祐介 チーム長

ントオフィスの効率化には注目していても、バックオフィスの効率化を見落としていることが多いのではないでしょうか。実はバックオフィスを効率化することで得られる効果は大きいと思います。

新たな人材獲得のためにも働き方改革を

—建設業界の場合、紙の文化が残っているだけでなく、取り引き業者数も多いので、他の業種以上に支払い業務などが煩雑になる傾向がありますが。

山口　その点については「住宅マネージャー」を活用すれば、発注から支払いまでを一気通貫に行うことができます。

　私は住宅会社の方々に「情報をぶつ切れにしないで一気通貫を図りましょう」と提案しています。どうしても受注を取る部門や作る部門の方に注目しがちですが、どうせ情報を入力するならバックオフィスの部分にまでつなげていくことが大事なのです。

　逆も同じです。バックオフィスで入力したデータをフロントオフィスで活用することもあり得るでしょう。

　もうひとつ言っておきたいのは、2024年問題によって物流業者の方々に今までのような無理を言えなくなるということです。これまでのように「急で悪いけど、明日、現場に納品してくれない?」といった要求が通らなくなる懸念があるのです。しっかりと施工計画を立てて、急な納材や現場まで持ってきたのに工期が遅れているから一度持って帰ってもらうといったことが起こらないようにしないといけません。

　いずれにしても、当社としては他社様とも積極的に連携していき、住宅業界自体のDX化に貢献していきたいと考えています。

　また、DXによって働き方改革を実現できれば、若い人材も住宅業界に興味を持ってくれるのではないでしょうか。他業界は既に働き方改革に着手しています。人材獲得という点でも、DXによる働き方改革は不可欠なのです。

薬場　どのような業界でも、古い体質のままでは新しい人材を呼び込むことは難しくなると思います。そう

KSK ビジネスソリューション事業部
住宅ソリューション営業グループ
山口 靖 営業部長

なると企業が成長していくことも難しくなるのではないでしょうか。当社としては、是非とも住宅業界の方々が継続的に成長できるように、変革のお手伝いをしていきたいと考えています。

佐々木　2024年4月からの残業時間の上限規制をピンチではなくチャンスと捉えて、これを契機に古い体質から脱却を図る企業様の後方支援をさせていただくつもりです。住宅業界の方々も我々がお手伝いできることがあれば、是非ともお声がけください。

　—2024年4月をひとつの契機として、住宅業界も「時間」とそれに対する対価を意識せざるを得ないと思います。そのためには、勤怠管理の徹底がファーストステップとなり、さらにその情報を蓄積・分析していくと利益管理や働き方の実態把握まで可能になり、データ経営の深化にもつながりそうです。本日はありがとうございました。

株式会社 KSK

Team KSK

株式会社 KSK
TEL 042-378-1100
https://www.ksk.co.jp/

OBIC BUSINESS CONSULTANTS CO.,LTD.

株式会社オービック
ビジネスコンサルタント (OBC)
TEL 048-657-3426
https://www.obc.co.jp/bugyo-edge/attend

スタイルポート

ROOV for housing

VRでのコミュニケーションで
住宅販売が変わる

3D コミュニケーションのプラットフォーム「ROOV」を展開するスタイルポートは、新たに戸建住宅用の「ROOV for housing」の提供を開始している。CAD データを基に20 分程度で 3DCG を自動作成でき、顧客との新たなコミュニケーション手法も実現する。

CADデータを
即座にVR化

 ROOV

スタイルポートの「ROOV」は、新築マンション販売業界で採用実績ナンバーワンを誇る住宅 3D コミュニケーションのプラットフォームだ。既に新たに発売されるマンションの約 3 割で採用されているという。

専用のアプリケーションやデバイスが不要で、インターネットに接続できる環境さえあれば、「いつでも」、「どこでも」、「かんたんに」VR 内覧を行うことができる。

「パノラマ画像群」と呼ばれる簡易型の VR ではなく、「WebGL」という Web ブラウザで 3 次元グラフィックスを高速に描写していくシステムを採用している。フルウォークスルーの高精細な 3DCG が特徴で、VR のモデルルームを自由に行き来しながら、生活動線を

確認するといったことも可能だ。

インテリアのレイアウトシミュレーションやカラーセレクト、採寸機能など、顧客とのコミュニケーションツールとしての機能も備えている。

**顧客を待たせることなく
いつでも・どこでも VR を作成**

マンション分野で高い評価を得ている「ROOV」だが、戸建住宅に特化した「ROOV for housing」が新たに登場した。

マンションのモデルルームと異なり、戸建住宅の場

CADデータを即座に3DCG化し、
高精細なVR体験を提供できる

VR体験は
こちら

合、顧客との打ち合わせを経て決定したプランをリアルタイムにVR化することが求められる。しかし、高精細なVRを作成しようとすると、どうしても高スペックのPCを用いて数時間を要することもある。

そのため、顧客との打ち合わせ中にタブレットやスマホなどを使って3DCGを提示するといったことが難しかった。

CADソフトのなかには、VRまで作成できるものがあるが、「ROOV」と比較すると画像の精度が低いものが多いという。

そこで、スタイルポートでは、CADソフトと連携することで、いつでも、どこでもVRを作成できる技術を開発した。

CADソフトのデータをWeb上にアップすると、20分程度で3DCGを完全自動で作成する。作成したVRは、URLなどを共有することで誰でも、好きな時に見ることができる。特殊なアプリなどをダウンロードする必要もない。

作成したVRをホームページ上で公開することも可能で、集客の面でも役立つツールとなっている。リアルなモデルハウスを開設する際のコストを考えると、経済的なメリットが大きい集客装置にもなり得そうだ。

現時点ではＤＴＳの「Walk in home 2022」と、コンピュータシステム研究所の「ALTA Revolution」で作成したCADデータを利用することができるが、順次、他のCADソフトとの連携も図っていく方針だ。

3D空間内で
チャットコミュニケーション

「ROOV for housing」の機能は、単にVRモデルハウスを作成できるだけではない。3D空間内で自由に

マーキングをしたり、付せんを貼るようにコメントを付けることができるのだ。

例えば、住宅会社側が3D空間の壁部分に「この壁の色はどうしますか」とコメントをしておくと、顧客が返答を書き込むことができる。また、「次の打ち合わせでは、この壁のクロスを決定するので考えておいてください」と、顧客に投げかけることで、打ち合わせの効率化を促すことにもつながる。

大手ハウスメーカーで「ROOV for housing」を活用した実証実験では、インテリアコーディネーターと顧客との打ち合わせ時間が5.5時間から2.7時間に、打ち合わせ回数が2.2回から1回に減少したそうだ。

2次元の図面だけでは分かり難い空間把握も行うことができ、イメージのズレによる完成後のクレーム抑制にもつながる。

スタイルポートでは、お試しプランとして、1回8000円でVRを自動作成するサービスを実施している。コミュニケーション機能などは使用できないが、「ROOV for housing」の高精細な3D空間を体感できる。

また、月額3万円で5回まで利用できるプランも用意している。こちらはコミュニケーション機能なども利用可能だ。それ以外にも利用頻度に応じてコストメリットが大きくなるプランなども取り揃えている。

今後、仕様などのシミュレーション機能なども追加していく方針だ。

STYLE PORT

株式会社スタイルポート
TEL: 03-6812-9555
https://styleport.co.jp/

SoftRoid

zenshot

業務負荷の軽減と
施工品質の向上を両立

360度現場ビューを手間なく作成
遠隔での現場管理で
移動時間などを大幅削減

過 度の業務負荷がのしかかることが多い現場監督。現場への移動時間だけでもかなりの
時間を費やしてしまう。こうした状況を打開するものが SoftRoid の AI 施工管理サービス
「zenshot」だ。

zenshot

遠隔での
現場管理を実現する
「zenshot」

☁ **クラウド**

▶
動画アップロード

→

AI が自動で
360 度現場ビュー作成

カメラを持って 2~3 分現
場の中を歩くだけで、2~3
時 間 後 に は 360 度 現 場
ビューがクラウド上に自
動で作成される

🏗 **工事現場**

360 度カメラを持ち現場を歩く

いつでもどこでも
現場全体の施工状況を確認

現場にカメラスタンドを設置し、カメラを持って2～3分現場を歩いて撮影

撮影した動画をもとに
AIが高精度の360度現場ビューを生成

**簡単・手軽に
360度現場ビューを制作**

2～3時間後には360度現場ビューが
クラウド上にアップされる

パソコン・スマホ・タブレットから360度現場ビューを
確認し、遠隔地から現場状況を把握

2～3分カメラを持って歩くだけで
作業は終了

　「zenshot」は、東京大学発のAIスタートアップが開発したシステム。現場に設置した360度カメラを持ち歩くだけで、自動で工事現場の360度現場ビューを作成し、遠隔現場管理を可能にするというものだ。

　サービスの導入・運用は非常に簡単で、現場に専用のカメラ機材を設置し、日々2~3分カメラを持って工事現場を歩くだけ。撮影が完了すると、記録した360度動画がクラウド上に転送され、独自のAIが解析を行い、事前登録した図面に対応付ける形で360度現場ビューを自動で作成する。撮影してから現場ビュー登録までに要する時間は2~3時間程度で、ほぼリアルタイムに遠隔から現場状況を確認することができる。

　アプリインストールなどの面倒な前準備不要で、現場に設置した機材を使うだけのため、職人など現場にいる誰でも簡単に撮影可能だ。そのため、現場監督が訪問することが難しいタイミングにおいても、現場訪問せずに全体の施工状況を把握することができる。

現場監督の移動時間を6割削減

　「zenshot」を実際に導入している住宅会社では、毎朝、作業をはじめる前に施工業者などが360度現場ビューを撮影するようにしている。これによって、現場監督は工事現場に行くことなく、担当する全現場の状況を遠隔から把握できる。作成された360度現場ビューを確認するために特別なアプリのインストー

ルなどは必要ない。Web アプリケーションとして提供されているため、パソコン・タブレット・スマートフォンなどインターネットにつながる機器があれば、いつでもどこでも現場を確認することができる。

生成された 360 度現場ビューは、図面上の位置に対応付いて記録されるため、気になる箇所を 1 クリックで確認することができる。スマートフォンで撮影した写真とは異なり、現場全体が 360 度網羅的に記録されるため、確認したい箇所が写っていないことや、隠蔽部などの重要箇所の記録漏れといったことを防ぐことができる。

その他にも、撮影日時が異なる同じ工事個所の写真を同時に横並びに表示して比較する機能や、表示している 360 度ビューの画像をスクリーンショットとしてダウンロードできる機能、スクリーンショットした画像上に手書きスケッチを行える機能も搭載している。

既に「zenshot」を導入している住宅会社のなかには、現場監督の移動時間が約 6 割も減ったという事例もあるという。移動時間が削減される一方、遠隔から確認できるようになることで確認回数が増加したため、以前よりも細かく現場を確認できるようになり、施工品質の向上に貢献しているそうだ。

アフターサービスなどでも活躍

アフターサービスなどでも「zenshot」で作成した 360 度ビューが役立つ。竣工してしまうと隠れてしまう壁の中などの施工時の様子をすぐに確認することができるため、メンテナンスやリフォームの際に活用することができるのだ。また、例えば漏水事故などが発生した場合、見えない部分の施工状態まで細かく確認でき、漏水の原因特定などにも役立つ。

ユーザーである住宅会社からは、営業面でも効果を発揮しているという声も届いているようだ。「zenshot」を利用して施工品質の向上やアフターケアの強化を図っていることを施主に説明することで、信頼を獲得し、住宅会社選びの最後のひと押しになっているという。

住宅業界では施工者だけでなく、現場監督の不足が深刻な問題になっている。それだけに、現場監督の業務負荷を軽減し、1 人当たりの担当件数を増やしていくことが求められている。「zenshot」による遠隔での現場管理を導入することで、現場監督の業務負荷が大幅に軽減されることは間違いないだろう。

同じ工事場所の過去の写真と今の写真を比較することも可能

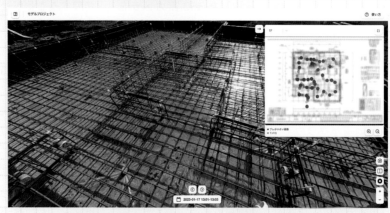

基礎工程も網羅的に記録することができる

【これまで】

- 複数案件を同時管理し現場への移動時間が長い。
- 案件数が多く現場への滞在時間が限られている。
- 外部監督の管理品質が社内水準に達するよう定期訪問して管理。
- スマホやデジカメを使って大量の写真を撮影。
- 大量の写真の整理が手間。どこの写真かわからない記録も。
- 必要な記録箇所を撮り漏らす。

▼

【「zenshot」を導入すると】

- 遠隔から進捗を確認できるため、現場への訪問回数と移動時間を削減。一方で確認頻度は増加するため、管理品質が向上。
- 業務が忙しくても、日々の施工状況が丸ごと記録されるため、安心感がある。
- 遠隔から現場全体をチェックできるため、大きなミスなどを未然に防ぎ、品質を維持する体制を構築。
- カメラを持って現場全体を歩くだけ。
- AIが自動で日付ごとに図面上に写真を配置。整理の手間不要で、どこの記録か一目瞭然。
- 死角のない360度カメラで撮影漏れなし。

株式会社 SoftRoid
https://zenshot.jp/

ダイテック

注文分譲クラウドDX
現場Plus

業務の標準化を
推進する新機能を追加

機能の充実、
パートナー企業とのシステム連携で
住宅会社の**全業務を総合的に支援**

ダイテックでは、「注文分譲クラウド DX」や「現場 Plus」などの住宅会社の業務をバックアップするツールを提供している。「注文分譲クラウド DX」に業務の標準化を推進するための機能を追加したほか、パートナー企業との連携を深めながら、住宅会社の全業務を総合的に支援していこうとしている。

注文住宅・分譲住宅・不動産向けサービス
注文分譲クラウド
DX
DIGITAL TRANSFORMATION

プロが選ぶ 現場デジタル化ツール
現場Plus

情報をしかるべき時に、しかるべき場所に蓄積していく

ダイテックの住宅会社向けクラウドサービスは、企業のDX化を追い風に利用者数が3年間で10倍と急拡大し、現在5万社以上の企業が利用するサービスに成長している。

そのサービスの中核となるのが「注文分譲クラウドDX」だ。「注文分譲クラウドDX」は、見込み客管理から商談・契約・見積・実行予算・発注・査定・支払い・アフターサービスまで一貫処理できるクラウド型の基幹システム。注文住宅事業だけでなく、分譲住宅事業にも対応している。

あらゆる情報をクラウド上に一元化することで、二重入力の手間やミスの防止にもつながる。また、電子受発注や電子承認も容易に進めることができ、ペーパーレス化に貢献する。

予実管理の徹底を促す機能も備えており、利益率の改善といった効果も期待できるツールとなっている。

インボイス制度や電子帳簿保存法の改正にも対応している。

さらに、2023年7月からタスク管理機能を標準で搭載した。自社のワークフロー毎に入力すべき情報を設定できる機能だ。例えば、「商談」の段階では、プラン提案、敷地調査、見積提出といったワークフローを設定し、それぞれに入力すべき情報が紐づいている。

担当者は、ワークフローの進捗に応じて適切に情報を入力していく。しかも、次のワークフローに進むためには管理者の承認が必要になる仕組みになっている。

この機能を活用することで業務の標準化を実現でき、属人的なワークフローからの脱却を図ることができる。ＤＸ関連のツールを導入する場合、まずは業務の標準化を図ることが重要になる。業務の標準化が明確になっていないままＤＸツールを導入しても、結局は属人化された業務は改善されずに効率化や生産性の向上も図れないからだ。

また、担当者ごとに入力する情報の質や量にバラつきがあったり、入力自体を忘れているといった状況も招いてしまう。こうした状況下では、蓄積された情報をもとに経営判断を行うといったことが難しくなってしまう。「注文分譲クラウドDX」のタスク機能を活

タスク管理機能の契約までのイメージ図

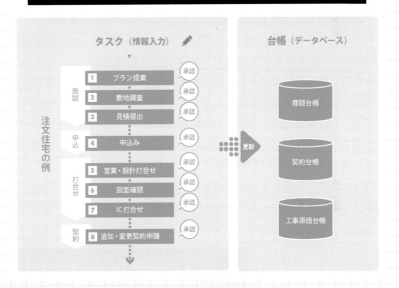

タスク構成はテンプレートとして登録が可能。
新規に商談が発生した際は簡単に呼び出して適用できる。

注文分譲クラウドDXで実現できること

1 業務フローの標準化
システムに合わせて業務を進めることでフロー標準化。

2 働き方改革の実現
自宅、現場、出張先など柔軟な働き方をサポート。

3 経営のスピード化
業務のデジタル化でデータ収集、意思決定、実行のプロセスを迅速化。

4 利益アップ
予実管理と着地見込みで粗利コントロール。

5 法令対応
「インボイス」「電帳法」も安心。
電子取引ソフト法的要件認証「JIIMA」取得。

6 セキュリティ対策
自社で運営する堅牢なデータセンターでお客様の大切な情報資産を守ります。

用すれば、管理者の承認無く次のワークフローへ進む ことができないため、必然的に標準的な業務のルール を守りながら、求められる情報を漏れなく入力すると いう状況を創造できるというわけだ。

つまり、タスク管理機能は、導入企業の業務標準化 を推進するだけでなく、「情報をしかるべき時に、し かるべき場所に蓄積していく」ためのものでもある。

同社では、「注文分譲クラウドDX」の機能追加やバー ジョンアップを継続的に行っており、例えば「マイペー ジ機能」として、共通のホーム画面とは別に利用者の 業務内容に応じてUI（ユーザー・インターフェイス） をカスタマイズする機能などを追加している。

ログビルドの「Log System」と連携
遠隔での現場管理機能をさらに強化

ダイテックでは、自社だけでなく、他のベンダーと の連携を図りながら、住宅会社の全ての業務を支援す る体制を構築しようとしている。

例えば、リモート現場可視化ツール「Log System」を提供するログビルドと連携し、遠隔での 現場管理をより行いやすくする取り組みを進めている。

「Log System」はVR画像により現場を可視化する アプリ「Log Walk」や、遠隔での現場立ち合いに特 化したビデオ通話アプリ「Log Meet」で構成されて おり、リモート施工管理を実現するサービス。この 「Log System」とダイテックの「現場Plus」をAPI連 携させた。

「現場Plus」は、コミュニケーション、写真・図面 管理、工程・進捗管理、安全管理等、施工管理に必要 とされる機能を網羅した現場管理ツール。両社では、 この「現場Plus」と「Log System」を連携させることで、 現場管理の効率化をさらに進めていこうとしている。

その取り組みの第一弾として、「現場Plus」から「Log System」上のVR現場空間（Log Walk）へのシーム レスなアクセスや、その現場に関わる職人や関係者へ のビデオ通話（Log Meet）を可能にした。さらに両 システムの現場情報はリアルタイムで同期がとられる ようになり、二重入力の手間や情報の不一致の発生な どが無くなった。

他システムとのAPI連携をさらに推進
CADソフトと現場管理ツールの連携も

ダイテックでは、「Log System」以外のシステムと のAPI連携も積極的に進めており、「注文分譲クラウ ドDX」と弁護士ドットコムが提供するWeb完結型 クラウド契約サービス「クラウドサイン」との連携を 行っている。そのほか、ハウスジーメンの「助っ人ク ラウド」とのAPI連携も完了している。

「注文分譲クラウドDX」、「現場Plus」ともに、福井 コンピュータアーキテクトの建築CAD「ARCHITREND ZERO」とも連携している。「ARCHITREND ZERO」で 作成した積算データを「注文分譲クラウドDX」に取 り込むことで、簡単に見積書を作成できる。

加えて、「ARCHITREND ZERO」で作成した図面を

「タスク管理」の画面まわりイメージ

直接PDF形式で「現場Plus」に保管することも可能だ。例えば、設計変更が発生した場合、「ARCHITREND ZERO」で図面を修正し、それをPDFで「現場Plus」に保管し、その情報を協力事業者も含めて共有するといった作業を円滑に進めることができる。修正した図面をプリントアウトし、現場に持って行き、協力業者に説明するといった手間を考えると、業務の効率性向上にも貢献する。

ダイテックでは、今後も他システムとの連携を図りながら、住宅会社の全業務に関するトータルソリューションを提供していきたい方針だ。

なお、2カ所目となるデータセンターも稼働させる。同社は自社でデータセンターを保有しており、万が一の際にリスクにも対応できるようにしている。多くのベンダーが外部のデータセンターなどのサーバーをレンタルしているが、例えば「サーバーの運営会社が値上げに踏み切った場合にどうなるのか」といった不透明な部分もある。それだけに、自社でデータセンターを運営していることで、ユーザーにも安心感はもたらすことになるだろう。

「Log-Plus LINK」（フェーズ1）の内容

1 「現場Plus」で現場を作成する際、同時に「Log System」にも現場を作成

2 「現場Plus」と「Log System」の現場情報をリアルタイムに同期

3 「現場Plus」現場から「Log System」現場へとダイレクトアクセス

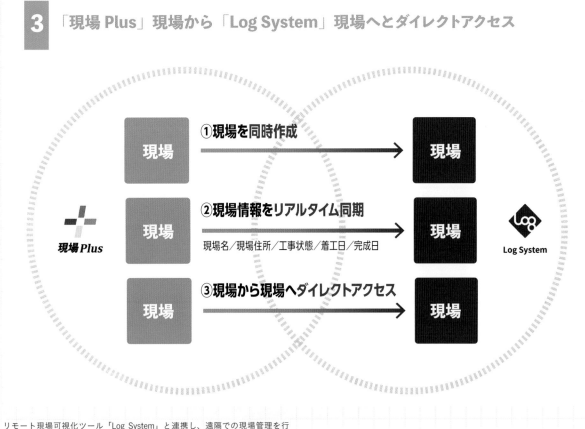

①現場を同時作成

②現場情報をリアルタイム同期
現場名／現場住所／工事状態／着工日／完成日

③現場から現場へダイレクトアクセス

リモート現場可視化ツール「Log System」と連携し、遠隔での現場管理を行いやすくした

現場Plusが連携するlog buildのLog Systemの詳細は、本誌P.88に掲載しています

株式会社 **ダイテック**

株式会社ダイテック
TEL03-5762-8660
TEL 03-5762-866I
https://www.kensetsu-cloud.jp/

TrustLead

Pegasus

Instagram
による集客を
全面支援

独自の分析ツールを核に
確実に効果を生み出す
SNS活用を提案

SNS を活用した集客活動は、もはや住宅企業にとって不可欠になってきている。とくに多くの住宅会社において、Instagram が顧客とのファーストコンタクトの場になるケースが主流になっており、重要な受注ルートになっていると言っていいだろう。その一方で「インスタのアカウントを作って頻繁に投稿もしているが、いまいち効果を得られない…」という悩みを抱える住宅会社も少なくない。こうした悩みを解消するために TrustLead が独自に開発したのが、Instagram 分析ツール「Pegasus」だ

サービス概要

自動チャットボット 事前に設定したメッセージをシステムが自動で返信！

各種インサイト情報
pegasus を導入した日以降、全てのインサイトデータを表示

競合分析
同業他社のデータを分析し、自社アカウントの運用に活かせる！

ハッシュタグレコメンド
人気投稿に載りやすいハッシュタグをシステムが分析

レポート作成
ワンクリックでレポートの作成が可能に

予約投稿
今後重要になるといわれている投稿時間も自由に設定可能！

Googleマイビジネス連携
一度設定するだけで自動的にGoogle マイビジネスと連携

MEOで集客
競合他社より上位に表示されるよう対策し集客につなげる

チャットボット機能を活用した顧客情報の取得方法

アンケートの設定
取得したい顧客情報を取得するためのアンケートの質問を設定

Instagramでキャンペーンを告知
Instagramでキャンペーンを告知し、投稿に「キャンペーン」とコメントしてもらう

チャットボットを活用したアンケート
「キャンペーン」とコメントした閲覧者に対して、自動でチャットボットが事前に設定したアンケート項目を質問

顧客情報を取得
氏名、年齢、居住地などに加えて、「どのくらいの時期に住宅が欲しいのか」といった情報も取得可能

顕在顧客への営業活用
取得した情報を基により確度の高い営業活動が可能に

営業活動の確度を高める
顧客情報を取得

Instagram のデータを可視化
フォロワー対策などの自動化機能も

「Pegasus」は、Instagram のフォロワーの増減、リーチ数、インプレッション数といったデータを解析するもの。どのような時間に、どのような投稿が、どのような人たちに見られているのかといった情報を、データを基に"見える化"していくことができる。加えて、自動アクション機能によって、投稿に反応したユーザーに DM やフォロー、「いいね」といったリアクションを送ることを自動化でき、手間なくフォロワー数を増やすための取り組みを進めることが可能だ。

さらに、おすすめになりやすいハッシュタグを AI が自動で選んでくれる機能のほか、競合他社の投稿を分析する機能なども備えている。

Google 自動連携機能も実装している。この機能は、Instagram に投稿した写真が自動で Google のビジネスプロフィールにも反映され、Google Maps 上にも投稿した写真が表示されるようにするものだ。

なんとなくの SNS 活用から
データに基づく戦略的 SNS 活用へ

TrustLead では、住宅会社に特化し 2500 アカウント以上を運用しており、注目を集めやすいアルゴリズムなどに関するノウハウを蓄積している。こうしたノウハウと「Pegasus」を利用したデータ分析結果を利用し、投稿する写真の選択や投稿、キャンペーン企画の立案とそれに連動した Instagram による集客方法の提案といったマーケティングサービスも提案している。

このサービスを通じて、"なんとなく"の SNS 活用ではなく、データに基づく戦略的 SNS 活用の実践を住宅会社に促しているのだ。この点こそが同社のサービスの大きな特徴であり、ツールの提供に留まることなく、確実に効果を生み出す道筋を示している。

例えば、前述の自動アクション機能と、新たに追加したチャットボット機能を活用したプレゼントキャンペーンなどを提案している。Instagram で人気コスメのプレゼントキャンペーンを告知する投稿を行い、ユーザーがその投稿に「プレゼント」とコメントすると、自動でチャットボット機能を活用したアンケートを行える仕組みを構築。ユーザーがチャットボットの質問に回答していくと、プレゼントキャンペーンへの応募が完了する。居住地や「どのくらいの時期にマイホームを欲しいと思っているのか」といった質問項目を設定することで、よりユーザーの属性を細かく知ることができ、次の営業ステップへとつなげやすくする。

江島和城 代表取締役は、「Instagram を活用した集客については、多くの企業が取り組んでおり、成果を出すことがより難しくなっています。それだけにデータを踏まえた精度が高い運用が求められます」と話す。

実際に同社がサポートした企業は集客数だけでなく、受注の面でも明確な成果を残している。TikTok 向けの分析ツールも９月にローンチしており、今後はこの分野での取り組みも強化していく方針だ。

なんとなくの SNS 活用からデータに基づく戦略的 SNS 活用へ——。この視点が今後の SNS 活用に強く求められそうだ。

つなぐ、信頼と価値

株式会社 TrustLead
TEL 082-536-3618
https://trust-lead.com/

野原グループ 住環境カンパニー

作図・積算BPOサービス

ムリ・ムダの排除で業務好循環を創造
設計業務の標準化・自動化を支援

住宅事業全体の効率化を図る上で、設計部門がボトルネックになっているケースは少なくない。設計業務が属人化しており、標準化も図れていないために、施工工程などの生産性低下を招いている場合も多い。また、今後は4号建築の特例の縮小や省エネ基準の適合義務化などによって設計部門の業務負荷が増大する懸念がある。野原グループ 住環境カンパニーでは、「作図・積算 BPO サービス」を通じて、こうした状況に一石を投じようとしている。

> 生産性向上の
> ボトルネックを
> 解消

「作図・積算 BPO サービス」は、大きく①標準化、②システム化、③オペレーション構築、という 3 つのステップによる 2 段階のソリューションで設計業務の効率化を図っていく。

①標準化では、属人化されている設計業務にメスを入れていく。具体的には同社のコンサルティングサービスを通じて作図のルールなどを明確にする。

設計担当者が共有する統一ルールを作成し、例えば施工者の誤解を生むような作図が行われないようにしていく。

また、担当者毎に仕様がバラバラになっているためにコストアップ要因になっているといった問題がある場合、仕様の見直しや集約などを図りながら、ムリやムダを徹底的に排除していく提案も実施。さらに、積算のルールなども整備する。

作図・積算BPOサービスの3つのステップ

STEP 1	STEP 2	STEP 3
RULES		
作図ルールの整備	CAD プログラムによる自動化	"作業" の外注化
標準化	システム化	オペレーション構築

NOHARA のソリューション

コンサルティング サービス ▶ BPO サービス

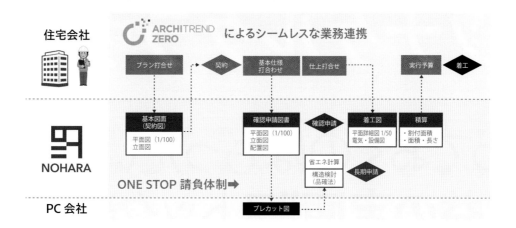

作図・積算BPOサービス　ONE STOP請負例

住宅会社

ARCHITREND ZERO によるシームレスな業務連携

NOHARA

ONE STOP 請負体制➡

PC 会社

---

②システム化では、CADプログラムによる自動化を進める。福井コンピュータアーキテクトの「ARCHITREND ZERO」を使用して、明確化した設計業務の統一ルールに従って、全ての設計担当者が「ARCHITREND ZERO」を使い、プランの作成などができるようにする。

コンサルティングサービスによる標準化とシステム化を通じて、作図・積算ルール、「ARCHITREND ZERO」の標準的な使い方、オペレーションマニュアルなどを整備していく。まずは設計業務を効率化していくための下地を整えていくというわけだ。

設計業務の外注化で
法制度などへの対応も円滑に

③オペレーション構築というステップでは、統一ルールに基づき作成されたプランデータを野原グループと共有することで、図面作成、性能計算、実行積算などの作業を外注化する。

同社では、中国・大連とパラグアイにある海外CADセンターも活用し、一気通貫で図面作成の業務などを請け負う体制を構築している。この図面作成から性能計算までの一気通貫サービスを「ARCHITREND ZERO」で行い、住宅会社とCADデータ連携を行うことで、住宅会社は設計業務上の工程管理手間や図面の整合性チェック手間を削減できる。設計業務の合理化が図れ、生産性を向上させることができる。

図面作成から性能計算までの一気通貫サービスでは、中国・大連とパラグアイの12時間の時差を利用することで、24時間体制でCADセンターを稼働させることができる。すでに18年もの実績があり、年間

2万件もの設計業務を行っている。

工務店などの住宅会社にとっては、設計業務を外注化することで、4号建築の特例の縮小や省エネ基準の適合義務化などの法制度の変更に柔軟に対応することができるようになる。

さらに同社では、建材割付プログラムによる高精度積算サービス「ぴったりでき太」をはじめ、石膏ボードのプレカットサービスなど積算・施工に関わるサービスを用意しており、設計・積算・施工という建設プロセス全体の効率化をサポートすることも可能だ。

「ARCHITREND ZERO」のデータを同社と共有することで、建材メーカーなどへ見積依頼や納材レベルの拾い出しといったサービスを受けることも可能だ。他のシステムとの連携を図りながら、実行予算管理なども効率化できるという。

同社では、「粗利が確保できているのに利益が残らないという住宅会社様は、業務が合理化されていないために人件費率が高くなっている場合が多いようです。適切な利益を確保するためにもマンパワーに過度に依存しない合理的な業務システムを構築する必要があります」（機能開発本部 尾野幸一本部長）と考えており、とくにムリやムダが多く、他の業務への影響度も高い設計業務をコンサルティングサービスと外注化によって合理的な業務システムへと変革していく支援を行っていこうとしている。

NOHARA

野原グループ株式会社
住環境カンパニー

TEL 03-6371-0966
https://jukankyo.nohara-inc.co.jp/

バーンリペア

ツナゲルクラウド

放っておくのはもったいない
"収益の宝庫"ストック部門を
業務軽減&低コストで収益化

> オーナー専用サイトを核に
> 生涯顧客化を支援

新築市場の縮小に伴い、生涯顧客化を図り、メンテナンスやリフォーム、建替え、さらには紹介受注を獲得していくことが住宅会社の生命線になってきている。しかし、生涯顧客化のためにはアフター部門の業務負荷が増大することも予想でき、なかなか一歩を踏み出せないというのが実情だろう。バーンリペアでは、住宅の引渡しはゴールではなく、生涯顧客化に向けた通過点であると捉え、こうした問題を解決するサービス「ツナゲルクラウド」を展開している。

建てて終わりではなく、建ててからがスタート
住宅オーナーの生涯顧客化を支援します。

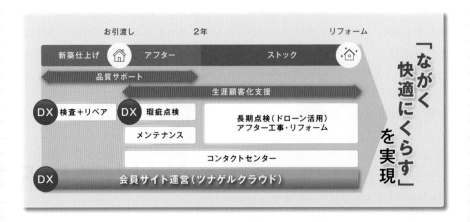

バーンリペアは、長年にわたり引渡し直前の検査や仕上げ業務などを展開している。第三者として引渡し前に検査を実施し、その内容を見える化するサービスも提供。検査結果は全てデータ化し、住宅会社に報告するだけでなく、その内容に応じて施工品質を向上するための提案なども実施している。

さらに、住宅会社に代わって引渡しから2年前までの瑕疵点検、さらには2年目以降の長期点検も実施。"収益につながる点検"として、リフォームやメンテナンス工事などの需要を掘り起こす手伝いも行っている。

顧客コミュニケーションの活性化でリフォーム需要をとりこぼさない

こうした幅広い住宅関連のソリューションサービスを提供している同社が、新サービスとして打ち出したのがクラウド型顧客支援ツール「ツナゲルクラウド」だ。オーナー専用サイトを中心として持続的なオーナーとのつながりを構築していこうというもので、証書などの書類、保証状況、メンテナンス履歴、点検スケジュールなどをまとめて管理できるほか、自社で行うキャンペーンなどをプッシュ通知するといった機能を備えている。点検の日程調整機能なども備えており、アフターサービス業務の業務負荷軽減にもつながる。

「メンテナンス計画機能」では、それぞれの住宅会社が設定している推奨メンテナンスなどの時期を顧客に通知し、サイト上で工事申込などをシームレスに行えるよう配慮。

専用のマイルを顧客に付与し、貯まったマイルに応じて特典を付与するといったこともできる。

バーンリペアからオリジナル記事も定期的に配信されるため、住宅会社の担当者がコンテンツの作成に頭を悩ませることもない。

同社営業本部の白井和大ツナゲルクラウド推進部長は、「新築市場が縮小するなかで、リフォーム市場の競争も激化しています。過去に新築を提供したお客様のリフォーム需要を取りこぼさないためにも、引渡し後の取り組みを『アフターフォロー』ではなく見込み客への『アプローチ』として捉えなお

ストック事業の収益拡大の為に必要なリソース

す必要があるのではないでしょうか」と話しており、オーナー専用サイトを核として顧客とのコミュニケーションを活発化させ、永続的なつながりを醸成していくことを提案しようとしている。

安心の「運用代行プラン」でトータルサポート

「ツナゲルクラウド」を活用することで、アナログ対応や独自コンテンツの運営に比べ業務負荷やコストは抑えられるが、住宅会社の手間がゼロになるわけではない。しかし、「ただでさえ人手が不足しているのに、顧客との接点強化のために時間を使う余裕がない」という企業も少なくない。

そこでバーンリペアでは、住宅会社の手間がゼロになる運用代行プランも用意している。オーナー専用サイトの日々の閲覧情報などを分析しながら、キャンペーンの提案や実施に向けた告知などもバーンリペアが担うというものだ。

また、同社では24時間365日体制でオーナーからの問い合わせなどに対応するコンタクトセンターも用意しているが、こうしたサービスと「ツナゲルクラウド」を連動させていくことで、生涯顧客化に向けた取り組みをより強固なものにしていくことも提案している。

住宅の引渡しはゴールではなく、生涯顧客化に向けた通過点という同社が打ち出すコンセプトは、新築市場が縮小に向かう住宅業界に強く求められている。こうしたなかで「ツナゲルクラウド」は、生涯顧客化に向けた第一歩を無理なく踏み出すためのツールとなりそうだ。

株式会社 バーンリペア

株式会社バーンリペア
050-3820-3211
https://www.burn-repair.co.jp/

フューチャーリンク

すごいよ山下くん

原価を見える化し**利益率を改善**
受発注業務をデジタル化する
クラウド型原価管理システム

2年間で4%の
利益改善を実現

資材高騰などの影響により、原価管理の重要性が高まっている。その一方では人材も不足しており、人手を過度にかけることなく原価管理を徹底させることが求められている。こうした問題を解決するツールがフューチャーリンクの「すごいよ山下くん」だ。

「すごいよ山下くん」は、生産性向上と利益改善を実現する原価管理型受発注システム。もともとは工務店であるアーキテックプランニングが自ら開発したシステムで、同社の関連会社であるフューチャーリンクが販売を行っている。そのため、工務店の実情に即したツールになっている。

ちなみにアーキテックプランニングでは、「すごいよ山下くん」を利用したことで、2年間で4%の利益率を改善することに成功したという。

受発注業務のデジタル化は
利益率改善に踏み出す第一歩

「すごいよ山下くん」では、必須項目を入力するだけで誰でも簡単に見積を作成できる機能を備えている。あらかじめ用意されたテンプレートを活用して、各工事に数量の入力や不足工事を追加していくと見積が完成する「積算型」と、面積データから素早く見積を作成する「坪単価型」という2つの機能を用意している。

サポートスタッフが導入会社の実情に応じて、ある程度まで設定を行ってくれるため、微調整を行うだけですぐに見積機能を使用できるようになる。

また、工事を選択してクリックするだけで協力事業者などに見積依頼を行うこともできる。協力事業者が専用サイトから品名と金額を入力し、見積を添付すると、その内容を予算額にクリックひとつで反映させることも可能だ。

さらに受発注機能では、発注したい業者と工事を選択し、ボタンをクリックするだけで発注業務が完了する。協力事業者側では、専用サイトやスマートフォンで発注内容を確認し、仕事を請ける場合も簡単に受注意向を伝えることができる。

協力事業者は受注した注文データから、当月に請求したい工事・金額を編集し、ボタンひとつで簡単に請求を行える。その際に受注した金額以上は請求できないようになっており、誤請求などを防止する。

こうした電子受発注から請求までの機能は、インボイス制度や電子帳簿保存法にも対応している。インボイスの登録番号は毎回確認するといった手間を省くことも可能だ。

インボイス制度への対応を契機に電子受発注に踏み切りたい工務店にとっては、「すごいよ山下くん」は心強い相棒になりそうだ。

山下くん3つの特徴

受発注業務をデジタル化し、
発注会社と協力会社、双方の業務効率化を実現。

1

電子受発注でペーパーレス化と時間短縮を実現。
シンプルで見やすい画面により誰でも簡単に操作可能。

○インボイス制度と電子帳簿保存法に対応
○クラウド上で発注履歴の管理
○着工前の発注と受注の徹底も可能に

データを可視化し、
発注実績を基に利益率を改善。

2

物件ごと/担当ごと/大工ごとなど様々な視点で予実数値を確認。あらゆる角度から
データ分析することにより『原価管理』が飛躍的に向上。

○ダッシュボードで、予実をリアルタイム確認
○クラウド検証で、実績をもとに価格を設定
○検証レポートで、様々な改善点を早期検出

バラバラ・手作業の業務を
ひとつに集約し業務効率化を実現。

3

見積作成、原価管理、発注、経理チェックなどの業務をシステム化。
Excelや紙管理では難しい情報連携や時間効率を実現。

○クラウド管理で、見積ブレ防止と時間短縮
○電子受発注で、ペーパーレス化と時間短縮
○発注請求の1本化で、経理負担の削減

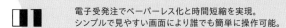

「すごいよ山下くん」には7つの基本機能を搭載。日々の業務を全てシステム内で行うことができる。

見積　実行予算　電子受発注　電子請求

メッセージ　共有フォルダ　検証

データの見える化で利益率を改善

「すごいよ山下くん」では、見積や実行予算などに関するあらゆる情報を、物件ごと、担当ごと、協力事業者ごとに確認できる。

実行予算などの数値は追加工事などが発生するとリアルタイムに更新されるため、根拠に基づいたデータで経営実態を把握できるようになる。

物件に関する情報については、全ての工事が見積から竣工原価までを横断的に確認でき、一目でいつ、どのような原因で利益率が低下しているのかが分かる。例えば、見積漏れや予定外工事などが多発していることなどもすぐに把握でき、いち早く改善策を講じることができる。

さらに、発注実績から適正な価格を検証し、次の工事の利益率改善とつなげていくことも容易に行える。「同じ協力事業者に同じ内容の工事を発注しているのに物件によって価格が違う…」といった状況を回避できるというわけだ。

この点こそが「すごいよ山下くん」の大きな特徴でもあり、①適正な見積の作成、②実行予算・電子発注により適正価格で発注、③クラウド上の情報をもとに検証、④発注額などの各設定の見直しというPDCAシステムを絶えず回していくことで、利益率の改善に貢献する。

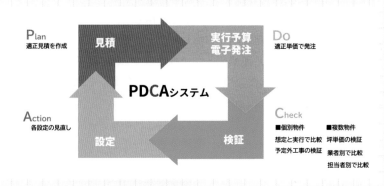

PDCAシステムを絶えず回していくことで、利益率の改善に貢献

クラウドで情報共有あらゆる業務の時短を実現

「すごいよ山下くん」は、クラウド上で情報を共有できる機能を備えていることも特徴のひとつ。クラウド上で営業、工務、経理などの担当者が情報を共有できるため、業務のミスやムダを極小化できる。

工事ごとに設計図書などを協力事業者と共有することもでき、工事の効率化も促す。物件ごと、案件ごとにチャット形式でのコミュニケーションを行う機能も備えており、物件をまたぐ事項についてはフリーメッセージでやり取りを行うこともできる。

情報を見える化し、必要なものはクラウド上で共有していくことで、利益率の改善だけでなく、業務効率の向上も促すことが可能になるというわけだ。

業界には後発参入であり、まだ成長段階にある「すごいよ山下くん」。しかし市場ニーズや要望をくみ取ることで、利用者が満足できるクオリティのコンテンツと料金を実現している。

見積と発注のロジックを合致させ利益率を改善していくために

フューチャーリンク
相馬 哲也 代表取締役

　私はアーキテックプランニングという工務店も経営しており、現在では社員約60名で年間270棟を超える住宅を供給しています。これだけの社員数で270棟以上の住宅を販売できている要因のひとつが、クラウドを活用した情報共有を推し進めたことです。

　加えて、原価管理を徹底するためのシステムを構築し、2年間で4%もの利益率を向上することに成功しました。そのシステムが「すごいよ山下くん」です。

　「すごいよ山下くん」を開発する以前は、実行予算通りに利益を確保できないケースが散見されました。

　なぜ、これほどまでに計画通りの利益を確保できないのか―。そう不思議に思い、協力事業者の方々への見積や発注の内容などを細かく精査していきました。その結果、見積と発注のロジックが全く合致していないことが分かったのです。

　例えば、同じ協力事業者に同じ内容の見積をお願いしても、担当者によって単価が異なっているにも関わらず、そのまま発注されているケースがありました。加えて、見積の内容を細かく精査することな

く発注に至っており、不明な費用が計上されているということもありました。追加工事についても、その理由を検証することなく、安易に処理されていることが多々あります。

　恐らく多くの工務店の方々が同じ状況に陥っているのではないでしょうか。こうした状況を放置しておくと、利益率はますます悪化していきます。

　そこで「すごいよ山下くん」を開発し、原価管理に関する情報を見える化し、会社として管理していく環境を整備しました。

　日々の業務に追われていると、どうしても社員の利益に対する意識も薄くなっていきます。結果として、見積と発注のロジックが合っていないにも関わらず、そのままで計画が進行してしまう。「すごいよ山下くん」では、こうした状況を回避するためのツールです。

　資材高騰によって、今まで以上に適切な利益を確実に確保することが求められています。我々の経験に基づく万全のサポート体制を構築してお待ちしていますので、「すごいよ山下くん」を活用し、共に利益率の向上を実現していきましょう。

FUTURE LINK, Inc.

株式会社フューチャーリンク
TEL:011-624-5017
https://hp-sugoyama.com/

メイズ

i-Reform

リフォーム業務を
まるごとデジタル化

「終わってみたら赤字」を回避
カスタマイズ性にも優れた
統合管理・支援システム

メイズの「i-Reform」は、リフォーム業務の統合管理・支援システム。顧客管理から見積管理、入金管理、工事台帳管理、引合管理、請求支払管理、売上利益管理、契約・売上レポートといったリフォーム業務全般に関する情報を共有することで、「終わってみたら赤字」といった状況を回避する。

売上はあるのに予想より利益が少ない、従業員が増加して管理が行き届かなくなってきている、部門間での情報共有ができずにクレームが多発している‥‥。こうしたリフォーム事業に関する悩みを解消するためにメイズが独自に開発したのが「i-Reform」だ。

ソフトウェア開発などを得意とするメイズだが、2010年1月から「i-Reform」の販売をスタートしている。もともとはあるリフォーム会社から依頼され、リフォーム業務のための基幹システムの開発に携わったことが、「i-Reform」の開発のきっかけになっているという。そのリフォーム会社との話のなかで、リフォームビジネスの実態を把握し、それをもとにリフォーム業に特化した統合管理・支援システムを開発したという。そのため、リフォーム業務の現場の実態に即したシステムであることが、「i-Reform」の特徴のひとつになっている。

顧客情報にあらゆる情報を紐づけ
全ての部門での情報共有を可能に

「i-Reform」は、顧客情報にあらゆる情報を紐づけていく建付けになっている。顧客情報の下に物件情報、物件情報の下に引合情報、引合情報の下に見積情報といった形で、あらゆる情報が蓄積されていく。

蓄積していく情報は、顧客情報にはじまり、引合、見積、工事、入金、発注、支払い、売上利益まで、一気通貫で関連する情報の入力・管理・蓄積が行える。

例えば、顧客管理情報では、過去の工事や問い合わせ内容や見積の履歴などを確認でき、家族構成などが分かるようにしておくことも可能だ。

そのためリピート受注時などに、過去の工事履歴などを簡単に確認でき、属人化しやすいリフォーム業務を仕組みとして管理していくことが可能になる。また、イベント時の効果的なマーケティング戦略なども検討しやすくなる。

2つの"関所"で原価などを管理
承認の徹底で適切な利益確保を促す

工事台帳管理では、実行予算・発注・受入・完工のそれぞれのタイミングで進行中の現場の粗利を把握できるようになっている。

「工事が終わって積算してみたら赤字だった…」という状況が新築以上にリフォームでは発生することが

i-Reformの特徴

1. 情報の一元管理で経営状態が見える

i-Reform は、情報システムを利用することで、Excel ベースの管理から脱却し、情報の一元管理が可能になった。これらの情報の貯蓄が、経営状況の『見える化』に繋がる。

2. 利益が最大化する仕組みに気付ける

i-Reform を使えば、受注前から原価と売価を比較しながら、実行予算・発注・受入で粗利益の視覚的な管理が可能になる。

3. ポータル機能で案件管理を便利に

案件・顧客をしっかりとフォローしていくための案件管理も、i-Reform のポータル機能を生かせば簡単に出来る。工程表やイベントスケジュール、予算実績表も表示されるため、隙のない管理が実現。トラブルを防ぐ。

多い。当初の見積から追加工事が発生し、その分の経費を施主に請求できずに、利益が無くなってしまう…ということも少なくない。

こうした状況を回避するために、「i-Reform」では2つの"関所"を設けている。具体的には、見積から工事台帳、工事台帳から発注というフローの間に承認機能を設けているのだ。

見積に関する承認を上役が行わない限り、次の工事台帳の情報を記入することができない。結果として、無理な値引きを行った見積などがチェック無しに提出されてしまうといった事態を回避できる。

また、工事の途中で追加工事などが発生した場合、工事台帳に記入し、その内容を承認されない限り発注を行うことができない。承認を行う際に、自社のミスによる追加工事なのか、それとも施主に追加予算をお願いすべき工事なのかを判断することで、「終わってみたら赤字…」という状況を無くすことができる。最終利益などの数字は追加工事の内容を記入した段階で自動更新されていくため、最終の利益率などを確認しながら工事を進めることができるというわけだ。

この点も「i-Reform」の大きな特徴となっている。

自社の業務フローなどに応じて
自由にカスタマイズ

「i-Reform」は、ライセンス販売とクラウドでの販売を行っており、ユーザー数が一定以上になる場合はライセンス販売の方が経済的なメリットは大きくなる仕組みになっている。

また、メイズがシステム開発を得意としていることもあり、ユーザーの使用状況や業務フローに応じてカスタマイズすることも可能だ。現在使用している見積書のフォーマットを使用するといった軽微なカスタマイズから、特別な機能を追加するといったものまで、柔軟に対応することができる。最近では電子受発注のためのシステムとの連携を図るといったニーズも増えてきているという。

データに基づく経営の実践を支援

「i-Reform」の売上利益管理機能では、売上や利益の情報をリアルタイムに把握できる。また、契約・売上レポートという機能も備えており、例えば店舗ごとの予算達成状況や社員ごとの営業成績などをリアルタイムに集計し、マネジメント業務を支援する。

いまだに昔ながらの勘や経験に基づく経営を行うケースが多いリフォーム業界だが、事業規模の拡大に伴いこうした経営手法によるデメリットも大きくなってしまう。例えば、赤字案件が増えていけば、最終的には経営の根幹を揺るがすことにもなりかねない。こうした事態を避けるために、日々の業務に関する情報をデータとして見える化し、それを経営へと生かしていくことが求められている。「i-Reform」を利用すれば、こうしたデータ経営の第一歩を踏み出すことにもつながる。

「i-Reform」で集約した情報を経営に活用し、さらなる業務拡大へとつなげていく。データ経営を推し進める上でも、「i-Reform」は強力な武器になりそうだ。

i-Reformなら

- ### 見積り作成が簡単
  過去に作成した類似の見積りをコピーして簡単作成

- ### 原価管理ができる
  原価と売価を比較しながら粗利益を視覚的に管理

- ### 低価格で導入できる

顧客管理

過去の工事や問い合わせ履歴、見積履歴など、顧客の情報が全て集約されているため、イベント時の効果的なDM作成やリピート需要の発掘、マーケティングなどに役立てる事ができる。

見積管理

過去に作成した見積書を会社で共有できることはもちろんのこと、多彩な機能でスピーディーな見積作成をサポートする。また、承認機能により粗利低下や赤字工事を防ぐ。

入金管理

集金漏れを防ぎ、煩雑な管理を軽減することはもちろんのこと、入金漏れはポータルで警告を表示して知らせる。

工事台帳管理

実行予算の増大による粗利低下を承認機能で防ぐ。実行予算・受注・受入・完工のそれぞれのタイミングで進行中の粗利を把握でき、堅調に利益を確保できる。

引合管理

引合から完工までひとつの案件として管理させているため、引合情報から過去に作成した見積や工事内容の履歴を確認することができる。

請求支払管理

大きな金額が動く業界なため、キャッシュフローの把握を欠かせない。受注時に支払予定日も自動で入力されるため、数ヶ月先の支払予定も見えている状態になる。

売上利益管理

売上情報はリアルタイムで様々な角度から集計をとることができるため、経営者の的確な意思決定をサポートする。

契約・売上レポート

多彩なレポートで店舗予算の達成状況など、営業成績もリアルタイムで集計し、マネジメント業務をサポートする。

株式会社メイズ
TEL: 042-525-1350
https://www.maize.co.jp/ireform/

log build

Log System

人手不足を解消
リモート施工管理で現場タスクを60%削減

> リモートによる
> 「品質・安全・進捗」の管理

ゼネコン、ハウスメーカー、工務店、リフォーム、リノベーションなど幅広い領域でリモート施工管理を実現するためのサービス「Log System(ログシステム)」を開発する建設テックの log build（ログビルド）は、湘南の建設会社である ecomo の IT 事業部として発足し、建築会社や職人と一緒にアプリ開発を進めている。

建設業界で深刻化する人材不足や高齢化、長時間労働、属人的な管理体制、品質管理体制などの社会課題を解決する策として、「どこからでも簡単にアクセス可能なリモートで現場を可視化するアプリケーション」が注目されている。

ハウスメーカーでの全国展開はもちろん、施工エリアを拡大する企業、人手不足に悩む小規模ビルダーなど、多くの会社を支援している。

業界初のリモート施工管理システム

Step 1
遠隔検査
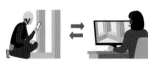

Step 2
同一基準チェック
安パトも遠隔で

Step 3
**デジタル報告書を
カンタン作成**

ビルダーは今こそ集客だけでなく
現場管理に重点を置くべきではないか

log build 代表取締役
ecomo 代表取締役
中堀健一 氏

私は東京の建設会社で大工として働きはじめ、最終的には現場監督をしていました。当時、働きながらボクシングをやっていたので、終業後すぐにジムに行きたかったのですが、現場監督はそうはいきません。現場が終了した後にデスクワークが待っていますから。移動時間も長く、本気で「どこでもドアがあったら…」と思っていました。

26歳の時に独立し、神奈川県の湘南エリアでecomoを創業しました。自ら工務店を経営するなかで、既存のやり方では本当の意味での現場管理はできないと考えるようになりました。現場監督によって現場の様子が全く異なっており、お客様にとっては「良い現場監督に当たればいいが、悪い監督に当たってしまうと…」という、まさに"ガチャ"状態です。

現場監督の業務負荷を減らし
施工品質をチェックする基準を作る

なぜ、こういう状態になっているのか——。現場監督の業務負荷が多すぎて、本来やるべき仕事に集中できていないという要因が挙げられます。加えて、施工品質や安全管理を徹底しようとしても、評価するための基準がないという問題もあります。

そこで、現場を遠隔管理し、移動時間を削減しようと考えました。色々なツールを試してみたのですが、なかなか上手くいかず、「それなら自分たちで作ろう」ということでlog buildで開発したツールが「Log System」です。「Log System」によって、360°画像を用いて遠隔で現場の様子を把握できる環境が整いました。また、配筋検査から基礎検査、アフターまでの仕様をマニュアル化した標準施工要領書も整備しました。標準施工要領書を協力業者の方々とクラウド上で共有することで、現場で施工方法に迷ったので現場監督に連絡するといったことが無くなりました。

経験が浅い社員でも
施工品質をチェックできる体制を構築

施工品質を自主検査するためのチェック項目も策定しました。このチェック項目を活用すれば、誰でも適切な施工が行われているか否かを判断できます。しかも現場の大工さんなどがスマホで写した画像を見ながら遠隔でチェックを行い、オンライン上で打ち合わせが可能です。

ecomoでは若い女性スタッフが施工品質のチェック業務を担当しています。マニュアルとチェック項目を明確にしておけば、専門知識がないスタッフでも適切な自主検査を行うことができるのです。むしろ専門知識がない方が、妙な忖度をすることなく不備がある部分などを指摘できます。

現場監督は本来やるべき情報や原価の管理などを徹底できるようになりました。お客様との打合せに現場監督が同席することも増えました。これによってお客様や設計担当者の意図を理解した上で、施工品質を管理できるようになりました。また、設計担当者と現場監督が頻繁にコミュニケーションを行うようになった結果、さらに施工品質が向上していくという好循環が生まれています。

民法改正などの影響もあり、今後、設計通りの施工が行われていないと、深刻なクレームに発展する懸念があります。log build社としては、「Log System」というツールだけでなく、現場管理や安全管理の新たな仕組みを他の住宅会社の方々にも提供することで、集客の部分だけでなく、「作る部分」の根幹を担う現場管理を改善していくお手伝いができればと考えています。

こうした活動を通じて現場監督や協力事業者の方々の業務負荷を減らし、次世代を担う人材が住宅業界に入ってくる状況を生み出すことに貢献していきたいです。

業界初

ハウスメーカーから小規模事業者まで使用している

リモート施工管理システム

リモート品質管理

 会社

リモート担当者

移動レス

ジャストインタイム

遠隔検査

 現場1 / 現場2 / 現場3 / 職人

**全棟同じ基準で
リモート品質検査**
報告書までスムーズに作成

リモート安全管理

**遠隔で全棟検査
無事故を継続！**

 BEFORE

リモート進捗管理

進捗は遠隔で OK!!

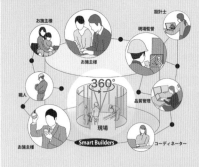
360°
現場
Smart Builders

設計士 / お施主様 / 現場監督 / 職人 / 品質管理 / お施主様 / コーディネーター

営業

設計・IC

現場監督

施主満足度向上

施主への工事報告は VR の時代へ
インフルエンサー企業も始めている、
『バズる 進化系施主報告』

基礎

施主の
気持ちで
見て
みよう！

上棟後

どうやって
始めればいいの？

ログビルドが業界水準マニュアルを用意 !!

各種マニュアルや標準図の提供などを無償提供

標準図 チェックシート 用語集付き台本帳

マイルストーン表 安全管理マニュアル

業者会実施資料 大工監督制度 大工評価制度

施工管理ツールとリモート現場可視化ソリューションの連携

ダイテックが展開する「現場 Plus」と連携

連携内容
☐ 「現場 Plus」現場から「Log System」現場へダイレクトアクセス
☐ 「現場 Plus」現場新規作成時に「Log System」側にも現場作成

▷詳細は
p.72 へ

 現場 *Plus*   **Log System**

遠隔管理のノウハウを活用した現場監督のタスクを代行

業界初

現場監督支援サービス

監督の求人を出している会社様　　品質や安全管理に悩んでいる会社様

ログビルドが 代行 します！

＼ 業界初のお知らせ ／

「そうだ、ログに頼もう。」
現場管理支援サービス

施主満足度向上	リモート品質検査

リモート安全パトロール	リモート進捗管理	標準図面作成

品質チェックシート作成	レポート提出

こんなお悩みありませんか？

- 現場監督の**求人**を出しても**集まらない**。
- **今年は受注が多く**、例年以上の施工管理をしないといけない…
- **各工程が終わったかの確認**まで忙しくて**していられない**。それでトラブルも多くて…
- **安全パトロール**をしたくても、**時間が無い**。全棟管理するのは難しい。
- **繁忙期だけ**品質管理を手伝ってほしい。

ログがすべて解決します！

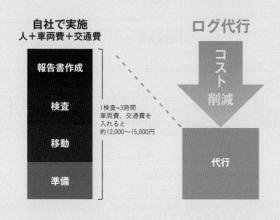

自社で実施
人＋車両費＋交通費

報告書作成
検査
移動
準備

1検査＝3時間
車両費、交通費を
入れると
約12,000〜15,000円

ログ代行

コスト
削減

代行

- 現場監督に**依存しない体制**になる
- 会社の現場**品質が向上**する
- 現場が**驚くほど綺麗**になった
- 顧客**満足度が飛躍的に向上**した

build

株式会社 log build
0466-90-3381
https://www.log-build.com/

実践企業に聞く DXツール活用法

紙からSNSに集客の軸足を移行
緻密なデジタルマーケティングで2年半で
6300超のフォロワー獲得

user アイ工務店
tool Pegasus（TrustLead）

DXで地域工務店の強みを伸ばす
既存顧客とのつながりを維持しながら
業務効率化も実現

user FPホーム
tool 注文分譲クラウドDX／現場Plus（ダイテック）

クレーム抑制や予実管理などを徹底
業務の仕組み化を通じて
「個」から「組織」での成長へ

user CRAFIT HOUSE
tool ANDPAD（アンドパッド）

ウェブカメラで月約70～80件の施工中現場を確認
リアルタイムに状況把握、対応がしやすく現場監督から
高評価で他エリアでも導入拡大

user 東京セキスイハイム千葉支店
tool 現場見守る君（吉田東光）

住宅業界でもDXに向けた取り組みが必要となる中、先進的にDXツールを導入し、自社の課題解決に向けた動きを実践する企業が登場してきている。DXツールを導入しどのように活用することで、業務改革や新たな需要開拓に生かしているのか―。実践企業の成功事例を紹介していく。

約1年間で粗利率を3ポイントも改善
資材高騰で感じた危機感を
払しょく

user 平松建築
tool Ai-COSS（アイ工務店）

リフォーム事業の成長に伴い
情報の一元管理と
データに基づくマネジメントを

user 山商リフォームサービス
tool i-Reform（メイズ）

360度現場ビューによる遠隔管理で
高性能住宅の品質確保を徹底
安心感の醸成で営業にも好影響

user リビングディー
tool zenshot（SoftRoid）

User アイ工務店 (広島県)　　**Tool** Pegasus (TrustLead)

紙からSNSに集客の軸足を移行
緻密なデジタルマーケティングで
2年半で6300超のフォロワー獲得

アイ工務店
福山支店
安川智興 氏

　アイ工務店の福山支店では、緻密なデジタルマーケティングを駆使しながら、SNS を活用した集客を行っている。取り組み開始から2年半でInstagramでは6300を超えるフォロワーを獲得。イベント企画などと連動させたSNS広告も積極的に展開し、今ではInstagramが受注獲得の入り口になっているという。

　福山支店の安川智興 営業所所長によると、拠点開設してからの数年は紙のチラシや地元紙への広告などを活用した集客だけで、かなりの効果を生み出すことができていたという。プランや価格などを分かりやすく示したチラシの評判は高く、イベントなどを開催すると行列が出来るほどの盛況ぶりだったそうだ。

　ところが徐々に同業他社も同じような手法を真似るようになってくると、紙での集客が徐々に鈍化しはじめ、限界を感じるようになっていく。

　そこで安川所長はSNSによる集客に乗り出すことを検討。「正直、SNSに関する知識も少なく、当初はモデルハウスの写真などをアップすることから始めようかとも考えました。しかし、まずは専門の方々の話を聞こうと思い、いくつかの企業さんから話を聞くことにしたのです」（安川所長）。

　そのなかで出会ったのが、TrustLeadのInstagram分析ツール「Pegasus」であった。

ブランディング戦略に基づく写真を投稿

　TrustLead以外の会社からは、「社員の方々に登場してもらって、できるだけアットホームな雰囲気の写真を投稿した方がいいですよ」といった提案を受けたが、安川所長はその提案に懐疑的だったそうだ。

　「家族経営のような工務店であれば、アットホームな雰囲気を訴えてもいいのかもしれませんが、当社は全国で事業を展開しており、社員の顔を出すといったことはやりたくありませんでした」（安川所長）。

　TrustLeadでは、こうした安川所長の意向を汲み取り、美しいビジュアルの写真を投稿することでクールなイメージを訴求するブランディング戦略を提案。この提案を魅力的に感じ、TrustLeadのInstagram分析ツール「Pegasus」を導入することを決断した。

イベントでの受注目標から逆算し集客のための広告戦略などを検討

　アイ工務店では全国のモデルハウスの写真などを豊富にストックしており、そのなかから福山支店が目指すブランディング戦略に合致する写真を選択

チャットボット機能例

設定画面

実際の DM 画面

Instagram のデータを活用し
顧客の掘り起こしが可能に

TrustLead にモデルハウスの写真を提供し、
Instagram にクールなイメージを訴求する

安川氏（左）は Trust
Lead からの積極的な
提案を参考に戦略を
練る

し、Instagram に投稿することを開始した。

アイ工務店から写真を提供された TrustLead では、文章や写真の並びにまでこだわりながら写真を投稿。また、モデルハウス外観のグリッド投稿（写真を分割し1枚絵として表示する手法）から、玄関、キッチン、リビングの写真へとつなげるなど、閲覧者が興味を持ちやすいような投稿を行っている。

「Pegasus」を活用すると、写真毎に閲覧数などを基にしたデータ分析もできる。その結果を踏まえながら、絶えずマーケティング戦略の微調整なども実施している。こうした取り組みが奏功し、2年半で6300を超えるフォロワーを獲得したというわけだ。なお、このフォロワー数は、アイ工務店の他の支店と比較してもかなり多いという。

さらに踏み込み、Instagram の広告を活用し、イベント告知も行っている。「イベントの告知を行う場合、TrustLead さんにご協力いただき、まずは受注目標を明確にし、その目標を達成するために必要な集客数、集客を図るためのイベントの企画、そしてイベント告知のための SNS 広告のあり方という順番で検討を進めています。この点こそが TrustLead さんが他の事業者と違う部分で、最終目標である受注棟数から逆算しながら SNS の活用方法を提案してもらえるので助かっています」（安川所長）。

チャットボットを活用し
潜在顧客を顕在顧客に

チャットボットを活用し、潜在顧客を顕在顧客にするための取り組みも進めている。具体的には、人気コスメのプレゼントキャンペーンを Instagram で告知し、応募者には自動でチャットボットによりアンケートが送付される仕組みを構築。アンケートに回答すると、基本的な属性だけでなく、「どのくらいの時期に住宅が欲しいか」といったことも把握できるため、より確度の高い営業活動が行えるようになる。実際に新規来場が10組あり、そのうち2組から受注を得たという。

さらに、今後はタイムパフォーマンスを重視する若い世代向けに、33分でモデルハウスの説明を行うイベントも企画しているそうだ。

また、Instagram だけでなく、TikTok なども活用していきたい考え。

厳しい市況の中で、SNS 広告を通じた集客は順調に推移しており、アイ工務店の他の支店からの注目度も高まっているという。紙からデジタルマーケティングを駆使した SNS による集客へと軸足を移したアイ工務店 福山支店だが、さらに一歩先行く戦略を講じていこうとしている。

DXで地域工務店の強みを伸ばす
既存顧客とのつながりを維持しながら
業務効率化も実現

FP ホーム
部長
治部泰久 氏

FPコーポレーションの住宅部であるFPホームは、北海道札幌市を中心として超高性能住宅を提案している。地域密着型の工務店として、新築部門だけでなく、過去に引き渡しを行った既存顧客とのつながりを大事にしており、数百円のメンテナンス工事から数千万円のリフォーム工事まで丁寧な顧客対応が強みになっている。

年間900件のリフォーム工事を7人で
新築以上に煩雑化する業務の効率化が課題

同社住宅部の治部泰久部長は、「年間900件ほどのリフォームや修繕の工事をいただいており、安定的に売上を生み出しています」と話す。

その一方で課題もあったようだ。年間900件の工事を7名のスタッフで担当しており、リフォーム部門の業務負荷が増大する傾向にあったという。また、リフォーム部門のスタッフは営業から工事までを一貫して担っており、新築の担当者以上に業務が煩雑化する傾向にあった。

こうした状況を改善するためにツールの導入を検討した結果、最終的にはダイテックが展開する「注文分譲クラウドDX」と「現場Plus」を採用することになった。

「注文分譲クラウドDX」は、見込み客管理から商談・契約・見積・実行予算・発注・査定・支払い・アフターサービスまで一貫処理できるクラウド型の基幹システム。「現場Plus」は、コミュニケーション、写真・図面管理、工程・進捗管理、安全管理等、施工管理に必要とされる機能を網羅した現場管理ツールだ。

この2つのツールを連携させることで、住宅事業に関する業務を総合的に効率化できる。

FPホームでは、この2つのツールを導入する以前から、別の基幹システムを導入していたが、現場管理と経理などのバックオフィス部分の連携が取れていないといった問題があったそうだ。また、新築部門とリフォーム部門で別々のシステムを利用しており、2部門間での顧客情報の共有が難しいという課題もあった。

上司と部下の関係ではなく顧客との
関係を管理するツールを選択

「注文分譲クラウドDX」と「現場Plus」を導入したことで、社内のシステムが統一され、顧客情報も共有できる体制が整った。

治部部長はダイテックのツールを選択した理由について、「他のツールは上司が部下を管理するとい

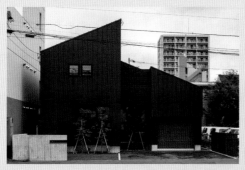

FPホームの新築部門では、「lia Style」「TOKOHARU」2つのブランドを展開し、札幌を中心に手掛けている。左は「lia Style」のモデルハウス、右が「TOKOHARU」のモデルハウス

FPホームのリフォームの施工事例。OBの顧客を中心に、規模の小さい修繕から大規模改修まで、さまざまなリフォームを手掛けている

う視点が強いと感じましたが、ダイテックさんのツールはお客様との関係を管理するという点に主眼が置かれていると感じました。当社のようにお客様とのつながりを重要視している工務店にとっては、ダイテックさんのツールの方が適していると判断しました」と語る。

「注文分譲クラウドDX」を利用することで、簡単に顧客情報を共有できるため、例えば不具合に関する問い合わせがあった場合、すぐに過去のメンテナンス状況などを確認することができる。これによって顧客対応を迅速化できるだけでなく、さらなる信頼関係の構築にもつながってきているという。

業務負荷を削減し
顧客のための時間を増やす

「注文分譲クラウドDX」を導入したことで、同社ではリフォーム部門の業務負荷の削減にもつながっている。

「注文分譲クラウドDX」導入前には、数百円の修繕工事であっても、会社に戻って見積書を作成する必要があり、こうした業務の積み重ねがリフォーム部門の業務負荷の増加につながっていた。「注文分譲クラウドDX」導入後は、顧客と打ち合わせをしながら、その場で見積を作成することもできるよう

になり、会社に戻る必要が無くなった。

また、顧客情報もクラウド上で確認できるため、会社に戻って過去のメンテナンス履歴などを確認するといった無駄な動きも排除できるようになったそうだ。

「当社のリフォーム部門のスタッフは、工事の大小を問わずお客様のご要望に寄り添い丁寧な対応を心掛けております。お客様からお褒めいただくことも多く、一丸となって頑張ってくれるスタッフがいるからこそのこと。業務を見直し効率的に働ける環境へ整えることで個々の負担が軽減され、時間のコントロールが可能になる。お客様のために使える時間や知見を深めるなど、スタッフが使える時間の充実化を図れるようになりました」（治部部長）。

とくに地域密着を標ぼうする工務店にとっては、小さな修繕工事に対応することがその後のリフォーム工事へとつながるだけに、時には無償であっても顧客からの問い合わせに丁寧に応じることが重要になる。

しかし、そのことが業務負荷の増大につながるケースも多く、顧客とのつながりを維持しながらも、業務の効率化を図るという難しい問題を突きつけられている。FPホームは、DXによってこの問題を解決し、地域工務店の強みをさらに強化しようと試みている。

User **CRAFIT HOUSE** (カワバタ建設：福井県坂井市)　　**Tool** **ANDPAD** (アンドパッド)

クレーム抑制や予実管理などを徹底
業務の仕組み化を通じて
「個」から「組織」での成長へ

CRAFIT HOUSE
建築ディレクター 主任
藤原正 氏

福井県坂井市の CRAFIT HOUSE（クラフィットハウス）は、2024年に創業100年を迎えるカワバタ建設が運営する住宅部門。カワバタ建設は、もともと土木・建設分野の公共工事を中心に担ってきたが、民間住宅分野に進出するために、4代目となる川端一輝社長が中心となり2017年6月に CRAFIT HOUSE を本格始動させている。

現在では年間供給戸数が30戸を超える勢いで成長しており、着実に事業規模を拡大している。

しかし、成長と共に問題も表面化してきたという。愛知県で20年以上も大工を経験し、川端社長と共に住宅事業を立ち上げた建築ディレクターの藤原正主任は、「スタート当初は川端などの"個"の力で成長を遂げることができたのですが、年間の供給戸数が15棟を超えてくると、"個"ではなく"組織"として成長していくための仕組みづくりが課題になってきたのです」と語る。

まずは情報の共有化
次のステップとして標準化に取り組む

「個から組織へ」と成長エンジンを切り替えようと考えた CRAFIT HOUSE。まず取り組んだのが情報の共有化であった。

営業、設計、現場、そして施主との間での情報共有が出来ていないために発生するクレームなどが目立ってきたことを受けて、ANDPAD 施工管理を導入し、まずは社内と協力施工会社とで情報共有を図る仕組みを整えた。「何より使いやすかった」（藤原主任）という理由から、ANDPAD を選んだそうだ。

ANDPAD 施工管理を活用し、現場ごとに設計図面などの情報を集約することで、設計変更などが生じた場合でもリアルタイムに全関係者と情報共有を行うことが可能になった。以前であれば、例えば金曜日に設計変更が生じ、その情報が月曜日に現場に伝わると、土曜日のうちに工事が進んでいたという事態が発生し、結果として無駄な手間とコストが発生することもあった。また、クラウド上での情報共有とチャットでのコミュニケーションを行うことで、設計者と現場監督、協力施工会社の間で「言った・言わない」という状況も回避できるようになったという。

現在は次のステップに向けた挑戦もスタートさせている。担当者によってフォルダに保存する資料の種類や内容にバラツキがあり、若干ながら属人化から脱却できない部分があるため、若手の現場監督を中心として保存する資料の標準化などを進めている。

加えて、施主とのコミュニケーションをさらに円滑化していくための取り組みも始動させている。

「人とは違う、あなたの個性を表現」を掲げる
CRAFIT HOUSE の家づくり

2024 年に創業 100 年を迎えるカワバタ建設が運営する住宅部門「CRAFIT HOUSE」

（左）ANDPAD 引合粗利管理を活用することで予実管理などの徹底を図り、粗利率も安定

（右）ANDPAD 施工管理を活用し、現場ごとに設計図面などの情報を集約。リアルタイムに全関係者と情報共有を行うことが可能に

受発注や引合粗利管理の機能も導入
より気持ち良く仕事をするための環境整備を

ANDPAD 施工管理に続き、ANDPAD 引合粗利管理と ANDPAD 受発注の導入にも踏み切った。

「これまでは一般的な表計算ソフトで予実管理などを行っていたのですが、計算方法などでミスがあり、予算の段階で数字が間違っていたことで、最終的な利益が見込みを下回るといったケースがありました。また、誰でも修正などを行えるという環境にあったので、仕組み化を図っていくのであればシステムを導入する必要があると判断しました。施工管理の部分で ANDPAD を使っていたので、情報連携なども図りやすいと思い引合粗利管理と受発注のシステムを追加で導入しました」（藤原主任）。

現在では ANDPAD 引合粗利管理を活用することで予実管理などの徹底を図っており、粗利率も確実に安定してきているそうだ。また、受発注システムの導入に伴い、協力施工会社への事前発注も推し進めてようとしている。

地域的な特徴として、事前発注を行うことなく、施工完了後の請求書を基に値段調整を行うこともあるという。地域密着企業ならではの信頼関係があるからこそ、こうした受発注形態が成立するわけだが、仕組み化を進めていくためには、受発注の部分でも業務の標準化を行う必要がある。信頼関係を基にした取り引き関係の良さはあるものの、業務が属人化してしまう懸念がある。また、藤原主任は「事前発注のことを協力会社の方々に話すと、『値下げしたいのか』とも聞かれましたが、そうではなく『お互いに気持ちよく仕事をする環境を作っていきたいのです』と説明させていただきました。請求書の段階で値段調整をするとなると、お互いにいい気持ちはしませんから」と話す。

予実管理の徹底や事前発注以外にも、様々な仕組みを業務のなかに取り入れており、例えば１カ月の着工棟数を標準化するための取り組みも行っている。

その一方で「着工後の設計変更については、効率性などを追求するのであればやめた方がいいのでしょうが、工務店だからこそ着工後もお施主さまの要望に柔軟に対応できるという見方もできます。もちろん無理な設計変更なら断りますが、工務店の強さを生かすためにも、できるだけお施主さまの要望に応じるようにしています」（藤原主任）という考えも持っている。変えるべき点と変えるべきでない点を慎重に見極めながら仕組み化を進めることで、「個」ではなく、「組織」の力による成長軌道を描こうとしている。

User 東京セキスイハイム 千葉支店（千葉県千葉市）　**Tool** 現場見守る君（吉田東光）

ウェブカメラで月約70〜80件の施工中現場を確認
リアルタイムに状況把握、対応がしやすく
現場監督から高評価で他エリアでも導入拡大

東京セキスイハイム 千葉支店
千葉事業推進部 設計施工部
施工グループ 施工1課
奥村俊介 氏

東京セキスイハイム 千葉支店が、施工現場にウェブカメラを導入し始めたのは約6年前のこと。ウェブカメラで常時監視することで、防犯面での対策を強化したい、迷惑行為を抑止したいという目的が第一にあった。また、施主からの「現場は今どうなっているのか」という問い合わせに、迅速に答えられるようになるという点も採用を後押ししたという。

採用したのは、吉田東光が展開する「現場見守る君」。SIM搭載のネットワークカメラで、電源を確保できればどこにでも設置できる。通信環境がない場所でもネットワークに接続でき、単管・ポールにも簡単に取り付けることが可能だ。撮影した映像は、専用のアプリを使ってスマートフォンなどで確認でき、遠隔地から現場の状況をリアルタイムに確認できる。遠隔からカメラを動かすこともでき、左右は180度、垂直方向には下方向に90度まで動かせる。赤外線暗視機能により夜間撮影にも対応するほか、SDカードに最大7日間の動画録画を行うだけでなく、クラウド上には30日分の静止画を保存（7日間分は2分に1枚の静止画を、8〜30日分はタイムラプスで保存）、2系統で録画データの保存を行い、後からダウンロードできるといった機能もある。

東京セキスイハイム 千葉支店では、月に約35〜40件の新規施工現場を持ち、同時並行で工事を進めている。在籍する現場監督11人が分担して現場管理を行っている。施工現場へ「現場見守る君」の導入が進むにつれて、現場監督などから「これは使える」という評価を獲得していき、今では全棟の施工現場において標準で採用している。

遠隔でリアルタイムに確認
安全管理、美化確認にも寄与

「現場見守る君」を導入する前は、現場監督が一次下請けの協力工事店に電話で「今現場には誰が入り工事を進めているのか」を確認してから、二次下請けの職人と直接やり取りをしていた。対して「現場見守る君」導入後は、ウェブカメラを見て現場の状況をリアルタイムに確認できるため、一次下請けに電話で確認する手間を削減でき、現場にいる大工、職人にすぐに連絡を取ることができ、工事を円滑に進められるようになった。

千葉事業推進部 設計施工部 施工グループ 施工1課の奥村俊介氏は「ウェブカメラで現場にある車を確認できれば、今誰がいるのかが大体わかる。リアルタイムに現場の職人とやりとりできるので、現場に行かなければ工事の進捗状況が把握できないということがなくなった。休日対応にも便利で、なくては困るものになっている」と話す。

また、「現場見守る君」は、他社が展開する施工

東京セキスイハイム 千葉支店では、月に約35〜40件の新規施工現場を持ち、同時並行で工事を進めている

事務所には現場画像をリアルタイムに映し出す大画面のモニターを設置。すべての現場の状況を大型モニターで確認することができる

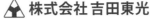

「現場見守る君」を設置することで、管理者が現場に行くことなく、工事の進捗状況をはじめ、工事業者や資材の出入りの確認、安全管理、美化確認などを行える

管理アプリとも連携することが可能で、ウェブカメラで撮影した現場の静止画に、施工写真、図面などを含め、工事の進捗状況などを紐づけることで、工事関係者間の情報共有、コミュニケーションの円滑化にも寄与している。

「現場見守る君」は、安全管理でも効果を発揮する。現場に出入りする職人が基本的なルールを守っているか、近隣の迷惑になる車の停め方をしていないか、ヘルメットや空調服をしっかり着用しているかといったことを、ウェブカメラを通じて確認でき、静止画で記録できるため、問題があればすぐに指摘でき、改善を図りやすい。

美観確認も進めやすくなる。台風で看板やフェンスが倒れているなど、複数の現場の中から問題がある現場を瞬時に見つけ、迅速に対応できるようになった。近隣からのクレームを抑制する効果も期待できる。ちなみに事務所には、全ての現場のウェブカメラとつながり、現場画像をリアルタイムに映し出す大画面のモニターを設置しており、すべての現場の状況を大型モニターで確認することができる。

初期費用0円でレンタル可能 吉田東光が現場へ設置、回収も

ウェブカメラの画像が鮮明であることも「現場見守る君」の強みだ。また、レンタルで利用できるた

め、初期費用0円で導入できる。加えて、導入企業の要望を聞きながら現場への設置、配送、回収まですべて吉田東光が行うため、現場の手間がかからない点も「便利で使いやすい」と好評価を得ている。

奥村氏は、「我々、現場を管理する側は、ウェブカメラの有用性は十分に理解しているが、現場の職人さんには、まだアレルギーがあることも事実。しかし、ウェブカメラの導入が進むことで、職人さん自身がより安全に作業できるようになり、近隣からのクレームも減り、工事に集中できるようになる。職人さんを守ることにもつながるということを説明して理解してもらう必要がある」と話す。

働き方改革に伴う「2024年問題」が迫り、施工現場にもこれまで以上に、限られた人員で業務を回していくための対応が求められている。東京セキスイハイムでは千葉支店での実績を踏まえ、2023年9月から東京支店、神奈川支店のエリアにおいても全棟採用を開始した。

「屋外だけでなく、移動用のウェブカメラも開発してほしい。将来的には、リアルタイムに現場の施工状況などを見ながら、より詳細に双方向のコミュニケーションが行えるようになれば、さらに工事監理がしやすくなる」（奥村氏）と、施工現場に必須のインフラとして、さらに進化していくことに期待を寄せる。

User 平松建築（静岡県磐田市）　　**Tool** Ai-COSS（アイ工務店）

約1年間で粗利率を
3ポイントも改善
資材高騰で感じた危機感を払しょく

平松建築
代表取締役
平松明展 氏

静岡県磐田市の平松建築は高性能住宅にこだわり、2009年2月の創業以来、着実に成長を遂げてきた工務店だ。ただ、同社の平松明展代表取締役は、「棟数が増えていくのに伴って、売上は伸びるのに利益が思ったよりも増えないという状況がありました。1カ月に1棟程度の規模であれば属人的なやり方でもある程度までは管理できるのですが、20棟、30棟となってくるとはそうはいきません。結果として管理や業務のやり方にバラつきが出てしまっていました。また、ウッドショックや資材などが高騰するなかで、中小工務店が1社でこうした経営リスクに対応することは難しいことを痛感しました」と話す。

こうした問題を解決するために平松代表取締役が注目したのが、アイ工務店の「Ai-COSS」だった。

予実管理の徹底などを推進
営業利益率10%を目指す

「Ai-COSS」は、短期間で急成長を遂げたアイ工務店のノウハウを提供する工務店経営のプラットフォーム。アイ工務店も活用している基幹業務システム・工程管理システム「AIsys（アイシス）」、営業プレゼン・見積システム「PRMIA（プレミア）」、さらには仕入代行システムなどを利用することで、

工務店経営の合理化・効率化、さらには生産性の向上などを促していく。

平松建築では、アイ工務店のやり方を学びたいという想いもあり「Ai-COSS」の導入を決めたという。

アイ工務店では、「Ai-COSS」を導入する工務店に対して、現状などをヒアリングしながら、業務改善のための提案などを行っている。「導入前の段階から多くの気付きや驚きがあった」と平松代表取締役は語る。そのひとつがアイ工務店の利益率の高さ。

「徹底した業務の効率化や予実管理によって、適切な利益を確保しており、当初の段階から見習うべき点が多いなと感じました」（平松代表取締役）。

2022年2月から「Ai-COSS」導入に踏み切った平松建築。平松代表取締役自らシステム導入の目的やそれによって得られるメリットなどを丁寧に説明していき、定着を図っていったという。

その結果、受発注業務や経理業務の効率化を図っていくことに成功。ちなみに、システム導入の時期にたまたま経理部門のパート社員が退職することになったが、人員を補填することなく経理業務をこなすことができているという。「AIsys」によって支払い業務などが効率化され、なおかつミスなども減ったことなどがその要因だ。

予実管理の徹底も進めている。「AIsys」では、例えば着工後の工事変更やミスなどによって予算が変

静岡県磐田市を拠点に地域密着で高性能住宅を提供する平松建築

「Ai-COSS」を導入することで、受発注業務や経理業務の効率化を図っていくことに成功。粗利率も約1年間で3ポイント改善した

更になる場合、管理者の承諾を得る必要がある。そのため着工前の予算が変更になると、管理者がすぐに把握できる。属人的な手法により、個人の判断で当初見込んでいなかった工事が発生し、利益が圧縮されていくといった事態を回避できるというわけだ。

さらに平松建築では、工事を協力事業者に発注する際に明確な基準を設けており、工事コストの精査を徹底しているという。「AIsys」を活用しながらこうした取り組みを推進していくことで、当初予算と最終的な予算の差の開きが無くなってきており、粗利率も約1年間で3ポイントも改善。現在は「営業利益率10％」という当面の目標を掲げて、さらに取り組みを強化していこうとしている。

価格転嫁を回避し 市場での競争力が向上

平松建築では軒並み資材価格が上昇するなかで、価格転嫁することなく売価を維持している。つまり、「Ai-COSS」導入の効果もあり、粗利率の改善と価格維持を両立しているのだ。価格転嫁を回避したことで、最近では同社の高性能住宅と他社の一般的な住宅の価格差が縮まってきているという。大手ハウスメーカーなどとの価格差も広がっており、厳しい市場環境のなかで受注を伸ばすことができている。

資材調達に関する将来的な不安も解消されたそうだ。「ウッドショックの時に、『木材が調達できなければ、我々のような工務店は売るものがなくなり、売上もゼロになる』ということをあらためて実感しました。資材の高騰についても中小工務店1社ではどうにもならない。価格転嫁をすることなく、こうしたリスクを回避するためには何らかの対応策が必要になると強く感じました」(平松代表取締役)。

「Ai-COSS」では、アイ工務店が保有する調達ルートを利用した仕入代行も活用できる。そのため、導入工務店は資材高騰などへの対応を図りやすくなる。

営業設計の強化も視野に

「PRMIA」は、営業担当者がスピーディーにプランを作成し、見積も自動で作成できるツール。アイ工務店では、この「PRMIA」に「Z-MAP」という新機能を追加した。顧客にニーズを聞きながら、アイ工務店の458の間取りプラン(反転プラン含む)のなかから最適なものをピックアップし、そのプランを要望に応じて作り変えていくというものだ。

平松建築では、こうした新機能も活用しながら、設計営業ができる人員を強化していき、営業担当者だけでかなりの部分まで完結できる体制も構築していきたい考えだ。

リフォーム事業の成長に伴い 情報の一元管理と データに基づくマネジメントを

山商リフォームサービス
業務部部長
蓮見 直寛 氏

山商リフォームサービスは、東京都足立区の本社を中心に、10カ所12店舗でリフォーム事業を展開している。全面的なリノベーション工事を中心に、複合的で複雑なリフォームに対して幅広いリフォームニーズに対応しており、2015年には「正しいリフォーム100％」というブランディング戦略も打ち出している。同社が大切にしてきた「お客様の立場に立ちきる力」を継続しながら、顧客視点での事業展開を深化させている。

業務負荷を減らしつつ マネジメント力を向上

山商リフォームサービスは、1983年の創業以来、リフォーム事業を中心として業容を拡大してきた。2000年代に入ると拠点数も増やしていき、首都圏全域をカバーする体制を構築していく。

こうしたなかで表面化してきたのが、情報の一元管理に関する問題。協力事業者への受発注のためのシステムは導入していたものの、顧客管理に関する情報はExcelシートを活用して社内で共有するようにしていたが、それぞれのデータが紐づいていないため一元管理を行うことができなかったという。

また、受発注のシステムについても、営業担当者が作成した見積を基にしながら、個別に工事を発注するという業務フローであったため、担当件数の増加に伴い業務負荷が増大するといった問題もあった。

さらに店長などの管理者には、スタッフ毎に工事の進捗状況や原価管理などを確認することが求められ、例えば受注時の予算と完工後の請求額に大きな差があった場合、情報が一元化されていないために原因を探ることが難しいという課題もあったそうだ。

そこで情報を一元管理するためのツールの導入を検討。複数のツールを検討し、2011年にメイズのi-Reformを導入した。i-Reformはリフォーム業務の統合管理・支援システム。顧客管理から見積管理、入金管理、工事台帳管理、引合管理、請求支払い管理、売上利益管理、契約・売上レポートといったリフォーム業務全般に関する情報を共有できる。

このツールを導入したことで、あらゆる情報を一元管理できるようになった。その結果、受注時の予算が工事の進捗とともに変更になってもリアルタイムに確認できるようになり、引き渡し後の利益が極端に少なくなるといった事態の発生を抑制できるようになったそうだ。また、i-Reformでは追加工事などが発生した場合、必ず管理者の許可を得ないと協力事業者などに発注できない仕組みになっている。そのため、管理者が把握していないうちに予算が圧縮されるといったことも防止できる。

発注業務の負荷の削減にもつながっている。

「正しいリフォーム100%」というビジョンを掲げ、「お客様の立場に立ちきる力」を大切に顧客視点での事業展開を深化させている

i-Reformで情報を一元管理し、受注時の予算が工事の進捗とともに変更になってもリアルタイムで確認できるようになった

全面的なリノベーション工事を中心に幅広いリフォームニーズに対応

i-Reformを使うことで、見積から工事内容を拾い出し、協力事業者に発注するという業務フローを自動化できるため、業務効率が大幅に向上した。同社業務部の蓮見直寛部長は、「今ではi-Reform無しで業務を進めるイメージが全くわきません。それほどにi-Reformに頼っている部分が大きいです」と話す。

カスタマイズでツールを自社のやり方に合わせていく

i-Reformの特徴のひとつが、導入企業のやり方に応じて柔軟にカスタマイズできる点。山商リフォームサービスでも様々なカスタマイズを行っている。「導入を決めて実際に導入するまでにかなりの時間を費やし、メイズさんにカスタマイズをお願いしました」(蓮見部長)。

例えば、見積については従来から使っていたExcelのものを引き続き使い、そのデータをi-Reformに取り込むようにカスタマイズした。先述したように山商リフォームサービスは「正しいリフォーム100%」というビジョンを掲げており、顧客に安心してもらうために価格の透明性を大事にしている。そのため、時には20行の見積が20枚にも及ぶことがあるという。いわゆる「一式」でいくらという見積は提出していない。そういった理由から

従前から使用していた見積書を引き続き使う必要があったというわけだ。

また、協力事業者の支払いについては、工事が完工すると、同社から支払い予定票を発行し、支払いを行うという業務フローを採用している。

価格の透明性を確保するために、同社では協力事業者からの見積に単純に自社の利益を乗せて価格を算出するといったことをやっていない。山商リフォームサービスが適切な価格を協力事業者に提示し、それに納得した事業者が工事を受注することになっている。そのため支払いについても、協力事業者からの請求書に応じて支払うというやり方ではなく、山商リフォームサービスから協力事業者に支払い予定票を発行し、支払いを行うようにしているのだ。こうした独自のやり方についても、i-Reformであればカスタマイズによって対応できる。

「最近のツールは自由にカスタマイズできるものが少ないようですが、i-Reformであれば自社のやり方を大きく変えることなく効率化を図ることができます。その割にコストパフォーマンスも高く、大変助かっています」(蓮見部長)。

山商リフォームサービスとメイズの取り組みは、自社のビジョンや経営理念を反映させた業務手法を変えることなく、ツールを導入し効率化を図った好例だと言えそうだ。

User リビングディー（静岡県富士市）

Tool zenshot（SoftRoid）

360度現場ビューによる遠隔管理で高性能住宅の品質確保を徹底 安心感の醸成で営業にも好影響

リビングディー
代表取締役社長
後藤 昇 氏

静岡県、山梨県で住宅事業を手掛けるリビングディーでは、360度現場ビューを活用した遠隔管理によって高性能住宅の品質確保に取り組んでいる。遠隔での現場管理が可能になったことで、業務負荷の削減にも成功しており、働き方改革と品質向上を両立している。

■ 手間なく現場の360度画像を撮影 撮り忘れなどの心配も無用

リビングディーでは、年間100棟前後の注文住宅を提供しているが、高性能住宅にこだわることで他社との差別化を図っている。

例えば、断熱等性能等級は6または7を標準仕様としており、同じエリアの同業他社に先駆けてトリプルガラスや樹脂サッシを採用。耐震等級も最高ランクが標準であり、全棟が長期優良住宅レベルの性能を備えている。

こうした高性能住宅を提供する上で同社がこだわっているのが、建物完成後の"実性能"。同社の後藤昇代表取締役社長は、「設計上の性能値を重要視する工務店が増えてきていますが、当社では設計時の性能値を確実に発揮する住宅を提供したいと考えています。そのためには、施工品質を高めることが不可欠だと考えました」と話す。

住宅の高性能化競争が激化するなかで、優れた性能値を売りにする住宅会社が増えている。

しかし、それはあくまでも設計段階での性能値であり、完成後の住宅が設計通りの性能値を発揮するか否かは、施工品質にかかっている。

例えば、適切な断熱施工が行われていなければ、設計時に想定した断熱性能は発揮されない。完成後の"実性能"を確保するためには、適切な施工が行われていることを絶えず管理する必要がある。

しかし、ただでさえ現場監督の業務負荷は増大する傾向にあり、人材獲得も難しくなっている。こうした状況下で現場管理を徹底するためには、新たな管理手法を導入する必要があるだろう。

さらに言うと、住宅の施工現場で設計者が頻繁に現場に行き設計管理を行うことは現実的には難しい。結果として、設計者の意図通りの施工が行われていないケースも散見される。

リビングディーでは、こうした問題や課題を解消するために、SoftRoidのAI施工管理サービス「zenshot」を全ての現場に導入している。「zenshot」は、現場に設置した360度カメラを持ち歩くだけで、自動で360度現場ビューを作成できるというもの。生成された画像はクラウド上にアップされ、関係者が共有することが可能だ。

現場で写真を撮影してクラウド上で共有するシス

建物完成後の"実性能"にこだわるリビングディーの家づくり

朝一番に毎日撮影を行い、生成された360度現場ビューを現場監督や設計者、経営層などが確認する

テムと異なり、高精細な360度画像で現場の状況を記録するため、例えば撮影の仕方などによって施工状況が確認できない部位があるといった事態を回避できる。また、撮影もアプリインストールなどの面倒な前準備不要で、現場に設置した機材のスタートボタンを押して持ち歩くだけなので、誰でも手間なく行える。

リビングディーの現場では、朝一番に大工などが毎日撮影を行い、生成された360度現場ビューを同社の現場監督や設計者、経営層などが確認するようにしている。

施工方法で気なる点などがあれば、キャプチャした画像に書き込んでチャットツールなどで施工者に知らせることも可能だ。

「通常のカメラで撮影した画像とは違って、全ての場所を確認できるので、品質を向上する上で非常に役立っている。また、毎日撮影を行うので現場も緊張感を持って施工を行えるようになっています」（後藤社長）。

なお、「zenshot」を導入することで現場監督の移動時間が最大6割も減少しており、残業時間も減っているそうだ。みなし残業の時間も40時間から30時間に変更しており、働き方改革にも貢献している。

顧客に安心を届けるツールに

「zenshot」には顧客の安心感を醸成する効果もあるという。

「営業の際にzenshotを活用して品質管理を行っていることを伝えると、多くのお客様は『そこまでするのか』と驚いていただきます。また、アフターフォローの際にも工事中の360度画像がクラウド上に残っているので安心です。万が一、不具合などが生じた場合でもすぐに原因を特定できるからです」（後藤社長）。

通常であれば、「壁を剥がしてみないと分からない…」といった対応しかできないケースでも、工事中の360度画像が蓄積されていれば、見えない部分の施工状態まで細かく確認できるため、いち早く対応策を講じることができるというわけだ。

高性能住宅だからこそ設計性能だけでなく、完成後の"実性能"にもこだわるリビングディー。そのこだわりを「zenshot」によって揺るぎないないものにすると同時に、社員の業務負荷の軽減も実現しており、働き方改革と品質向上を両立することが決して不可能でないことを証明している。

Housing Tribune 別冊

決定版 住宅 DX ツールガイド 2023

2023 年 10 月 12 日発行

制作　　　　中山　紀文

　　　　　　沖永　篤郎

　　　　　　湯澤　貴志（営業）

　　　　　　絵鳩　絢子（営業）

　　　　　　村田　茂雄（営業）

　　　　　　木田　桃子（デザイン）

発行　　　　株式会社　創樹社

　　　　　　〒 113-0034

　　　　　　東京都文京区湯島 1-1-2　ATM ビル

　　　　　　☎ 03-6273-1175　FAX 03-6273-1176

　　　　　　https://www.sohjusha.co.jp

書店販売　　株式会社 ランドハウス ビレッジ

　　　　　　〒 215-0003

　　　　　　神奈川県川崎市麻生区高石 3-24-6

　　　　　　☎ 044-959-2012　FAX 044-281-0276

印刷　　　　勝美印刷株式会社